日経文庫

NIKKEI BUNKO

マーケティング〈第2版〉

恩蔵直人

日本経済新聞出版社

はじめに

本書の初版を執筆してから一五年が経過した。これまでに版を重ね、二三刷のロングセラーとなった。「限られた紙幅の中で、今日的なマーケティングの理論やトピックスを盛り込みながら体系的に整理する。しかも読者の理解を促すために、できる限り事例を用いた解説を心がける。臨場感を持ってマーケティングのエッセンスを理解して欲しい」という、初版執筆にあたっての筆者の思いが多くの読者に支持されたものと思っている。

多くの学問と同様に、マーケティングで学ぶべきエッセンスは大きく変わるものではない。しかし、一五年は決して短い期間ではない。ビジネスを取り囲む環境は急速に変化し、新しいマーケティング用語が生まれ、従来とは異なる枠組みが提唱されたりしてきている。そして何よりも、事例を用いた解説を心がけていたために、事例そのものが古くなり、今日的なマーケティングの理論やトピックスを適切に説明できなくなってきた。

そこで、初版の良さをできる限り残しつつ、古い事例を今日的なものに差し替え、新たなトピックスを追加すべく、第2版の執筆に踏み切った。追加したいトピックスは数多くあったが、基本書という本書の性質を考慮し、できる限り絞り込んだ。取り上げたトピックスは、

「マーケティング3・0」、「ホワイトスペース戦略」、「オムニチャネル」、「カスタマー・ジャーニー」、「センサリー・マーケティング」などである。これらについては、紙幅を割き解説を加えた。

以上のような改訂と加筆により、本書『マーケティング　第2版』は今日的なマーケティングの書として若返り、再び価値を高めることができたと思っている。

本書の出版にあたっては、多くの人々のご理解とご協力をいただいた。本書の魅力を高めるためにエピソードや事例を取り入れているが、ヒアリングを快く受け入れてくれた実務家や貴重なコメントをいただいた共同研究者たちには、この場を借りてお礼申し上げたい。また、早稲田大学大学院商学研究科に在籍する権純鎬、杉田裕亮、須田孝徳の各氏には、貴重な時間を割いて最終原稿に目を通してもらい、誤植や不適切な表現を指摘していただいた。忌憚のない意見を寄せてくれた三名の大学院生には、改めて感謝の意を表したい。

最後になったが、第2版の出版の機会をいただいた日本経済新聞出版社、ならびに初版と同様に編集の労をお取りいただいた同社日経文庫編集長の細谷和彦氏に対して、心よりお礼申し上げたい。本書により、マーケティングへの理解が深まり、マーケティングの支持者が増え、我が国のマーケティング水準が少しでも高度化されるならば幸いである。

二〇一九年一月

恩蔵　直人

マーケティング　目次

第2章　市場での競争とマーケティング　67

第3章　顧客価値の創造　103

第5章　顧客価値の説得

第1章
マーケティングの本質

1　マーケティングの目的は販売を不要にすること

マーケティングという言葉を知らない実務家はまずいないだろう。マーケティングという言葉を耳にしたことのない大学生や主婦も少ないはずだ。今日、我々の日々の生活において、マーケティングという言葉は極めて身近な存在になっている。

言葉としてのマーケティングが身近であるにもかかわらず、枠組みや課題としてのマーケティングは、実のところ、それほど理解されてはいないようである。実務家たちとマーケティングについて話をしていると、話がかみ合わないことがある。彼らのいう「マーケティング」とは、市場調査であったり販売促進であったりしているからだ。

確かに、市場調査や販売促進は、マーケティングにおける重要な課題の一つではある。だが、マーケティングには他にも多くの重要な枠組みや課題が含まれている。マーケティングを断片的に捉えていたり、誤って捉えている実務家は多いようである。マーケティングの本質を理解し、その体系を正しく把握している実務家は、むしろ少数といえる。マーケティングという言葉の普及にもかかわらず、マーケティングという学問はそれほど普及してはいないのである。マーケティングという言葉だけが一人歩きしているようでもある。

そこで、マーケティングの本質を理解していただくために、「製品コンセプト」「販売コンセプト」「マーケティング・コンセプト」という三つのビジネス・コンセプトの比較から始めよう。

マーケティング・コンセプトとは何か

「製品コンセプト」とは、優れた製品の提供を追求しようとする理念である。このコンセプトに従う企業では、「価格が手頃で、品質的に優れた製品を顧客は求めている」「優れた製品を提供すれば成功に結びつく」という前提に立ってビジネスを進めている。製品の改良に重点を置き、企業内には職人気質ともいえる志向が強くなる。需要が供給を上回っている市場や、新技術が生まれやすい市場などにおいては、今日でも製品コンセプトが有効な理念であるといえるだろう。

ただし、「製品コンセプト」が強すぎると、どうしても視野が狭くなる傾向にある。目の前にある製品に気を取られすぎてしまい、顧客が本当に望んでいる解決策を提供しようとする姿勢が失われるからだ。製品コンセプトの限界を説明するエピソードとして、「良いネズミ取り」の話がある。これは、既存のネズミ取りよりも優れた改良品を作れば、必ずヒットするだろうと思い込んでいる経営陣の話である。顧客が求めているのはネズミ取りという製品ではなく、ネズミの駆除である。ネズミを駆除するには、ネズミ取りだけではなく、薬品や駆除業者という別の解決策も存在していることに気づかなければならない。製品コンセプトが強すぎると、どうしても目先の製品に注意が向けられてしまい、製品の背後に位置するニーズの本質が忘れられがちになってしまうのである。

次に「販売コンセプト」とは、顧客に自社製品を購入してもらうために、売り込みとプロモーション努力に頼ろうとする理念である。需要量に対して供給能力が過剰になってくると、多くの企業はこの理念に従うようになる。

販売コンセプトが強くなりすぎると、販売数字にのみ意識が注がれ、顧客との長期的な関係を構築しようとする努力が軽視される。また、不満を抱く顧客の声に耳を傾けることも忘れがちになる。ある調査によると、製品に満足している顧客は平均して三名の知人にそのことを話し、不満を抱いている顧客は平均して一〇名の知人に話すという。販売コンセプトに従うと顧客満足への配慮がおろそかになりやすく、長期的な成果には結びつきにくい。

標的市場のニーズを探り、そうしたニーズを実現できる製品を提供し続けようとする理念が「マーケティング・コンセプト」である。マーケティングの理想は、販売活動が不要になるところまで顧客を知り尽くすことである。経営学者であるピーター・ドラッカーは、「マーケティングの目的は販売を不要にすることだ」と述べている。顧客ニーズに合致した製品であれば、販売に走り回らなくても、その製品は自ら売れていくからである。

マーケティング・コンセプトが他のコンセプトと大きく異なる点は他にもある。「外から内へ（マーケットイン）」の視点に立っていることである。マーケティング・コンセプトでは、組織の外である顧客ニーズを起点としており、あらゆるビジネス活動が市場の正確な把握と顧客満足の実現に向けられる。これに対して、「内から外へ（プロダクトアウト）」の視点では、組織の内である生産現場や既存製品を起点としており、自己満足や顧客獲得が目標とされやすい。

アイリスグループの大山健太郎会長は、市場の要望ではなくユーザーに深く入り込んだ製品を考えなければいけないとして、「ユーザーイン」を主張している。市場というと、どうしてもマスによる購買を意識しやすくなる。ユーザーという言葉を用いることで、顧客一人ひとりの使用場面に目を向けようというのである。

また、マーケティング・コンセプトでは、競合他社と比べて、短期的なオペレーション効率というよりも長期的なビジネス効果を追求するため、戦術的志向よりも戦略的志向が求められるようになる。

図表1－1は、三つのコンセプトの特徴をまとめたものである。マーケティング・コンセプトの問題点として、かつては社会の幸福を見落としやすいなどと指摘されていたが、近年

図表 1-1　3つのコンセプトの比較

	製品コンセプト	販売コンセプト	マーケティング・コンセプト
起　点	生産現場	既存製品	顧客ニーズ
視　点	内から外へ	内から外へ	外から内へ
対処法	製品改良	販売とプロモーション	統合型マーケティング
志　向	職人的	戦術的	戦略的
目　標	自己満足	顧客獲得	顧客満足
問題点	視野が狭くなる	短期志向に陥る	組織内への浸透に時間を要する

ではマーケティング3・0やサステナブル・マーケティングの考え方が浸透してきており、環境や資源にも配慮した持続性ある社会の実現が前提とされている。

マーケティング・コンセプトの問題点をあえて挙げるとすれば、組織内への浸透に時間を要することである。

マーケティングは拡張する

マーケティングというと、どうしても営利組織に結びつけて考えてしまう。どのような新製品を開発したらよいのか、どのような広告コミュニケーションを展開したらよいのか、どのような価格を設定したらよいのか、どのような販路を利用したらよいのか。これらのマーケティングの意思決定は、全て営利組織のものであるからだ。

ところが、マーケティングは営利組織の専有物ではない。マーケティングの考え方や有効性が理解され、しだいに社会へ広まることにより、非営利組織においてもマーケティングが用いられるようになっている。

例えば、大学について考えてみよう。大学は非営利組織の一つであり、健全な経営は必要だが、営利組織とは性格を異にしている。我が国の大学を巡る環境は、この数年、大きく変化してきている。一八歳人口は年々減少し、一九九二年には約二〇五万人であったが、二〇二〇年には約一一七万人になる。この減少傾向は、これからもまだ続く。仮に大学への進学率が大きく変化しなければ、大学にとっての市場はピーク時の六割以下になり、学生獲得を巡って激しい競争が展開されることになる。

実際、既に多くの大学が受験生の獲得に向けて、様々な活動に乗り出している。大学側がそれをマーケティングと呼ぶか否かは別として、「マーケティング的」な活動が展開されているのである。いくつかの例を示すと、大学教員が高校に出向き模擬講義を行う、大学のキャンパスを公開して高校生に見学してもらう、授業内容改善のために大学生に授業評価をしてもらう、学費や入学検定料を見直す、学生や社会のニーズに合致した新しい学部や学科を開設する、学生リクルートにおいて国内だけでなく海外にも目を向ける、さらに社会人向けの教育プログラムを開発する、などである。

大学の他にも、教会、美術館、慈善団体、行政機関などの非営利組織が、資金を集めた

図表1-2　人や場所やアイデアのマーケティング

マーケティング主体	マーケティング対象	ターゲット	望まれる反応
企業	製品・サービス	顧客	購買
非営利組織（例：大学）	教育プログラム	受験生	受験
人（例：政治家）	本人	有権者	投票
行政機関や地元	場所（観光地や商店街）	観光客	訪問
アイデア支援団体	アイデア（例：禁煙キャンペーン）	集団	理解

り、メンバーや後援者を募ったり、イメージ向上をはかるために、マーケティングを展開することができる。

また、特定の個人に対する態度変容や何らかの行動を生み出す「人」のマーケティングもある。政治家であれば票を獲得しなければならないし、芸能人であれば自分のファン層を拡大しなければならない。公認会計士や弁護士といった専門職にある人も、信頼感や安心感を高めてビジネス・チャンスを拡大しなければならない。その際、マーケティングは有効な手段となりやすい。さらに、観光地や商店街などの「場所」、禁煙キャンペーンやプレミアムフライデーなどの「アイデア」もマーケティング対象となりえる。

つまり、マーケティングとは、ターゲットとする相手から望ましい反応を得るための仕組みづくりであり、顧客に製品やサービスを「購入」してもらうだけが全てではない。本書では、特にことわりのない限り製品・サービスを中心に論じているが、何らかの提案をして反応を引き出そうとするのであれば、マーケティングの対象となり得るのである。大学は受験生の「受験」という反応を望み、政治家は有権者の「投票」を望み、観光地は観光客の「訪問」を望み、禁煙キャンペーンの支援団体は人々の「理解」を望み、それぞれマーケティングを実施することができる。

図表1－2には、様々なマーケティング主体と、マーケティング対象、ターゲット、望まれる反応が示されている。

組織全体でマーケティング発想を有する

組織におけるマーケティングの理想型は、優れたマーケティング部門を有することではない。ある特定部門がマーケティングの重要性を認識し、積極的にマーケティングを実践していても、組織全体がマーケティング発想を有していなければ、顧客からの持続的な支持は得られない。組織のマーケティング力とは、最も高いレベルの部門で規定されるのではなく、最も低いレベルの部門で規定される。小さな部門、さらには一人の従業員の心ない言動によって、当該組織が有するブランド・イメージや顧客満足は失われてしまうからだ。

ヒューレット・パッカードの創業者の一人、デビッド・パッカードは、「マーケティングはあまりにも重要なので、マーケティング部門だけに任せてはおけない」と述べている。さらに彼は、「真に優れたマーケティング組織では、誰がマーケティング部門の人間なのか区別がつかない」とも述べている。

マーケティング部門によって策定された計画がいかに優れていても、経理部門が請求内容について顧客の理解を得られなければ、顧客相談部門が電話対応において要領を得ていなければ、そして生産部門が顧客ニーズに合致した生産スケジュールを有していなければ、組織全体としての高い成果は生まれない。大学においても、全ての教員と職員が受験生や学生中心の発想を持たなければ、在学生や卒業生の満足度を高めたり、多くの受験生を集めたりすることはできないだろう。つまり、組織構成員の全てが、顧客ニーズを中心に考え、顧客満足を重視するマーケティング発想を有する必要があるのだ。

もちろん、全ての組織がマーケティングの重要性を認識しているわけではない。むしろ他の機能と比べて、マーケティングを軽視している組織もある。生産、財務、人事などの機能と比較して、マーケティングはどのような位置づけにあるのだろうか。図表1－3では、五つの段階に分けて整理している。

第一に、マーケティングの重要性が相対的に低いままにとどまっている段階(a)がある。単純な部品や原材料を供給している企業では、生産や財務や人事に比べてマーケティングが問題にされることは少ない。次に、マーケティングが他の機能と同じように重視されている

図表1-3　マーケティングの重要性の変化

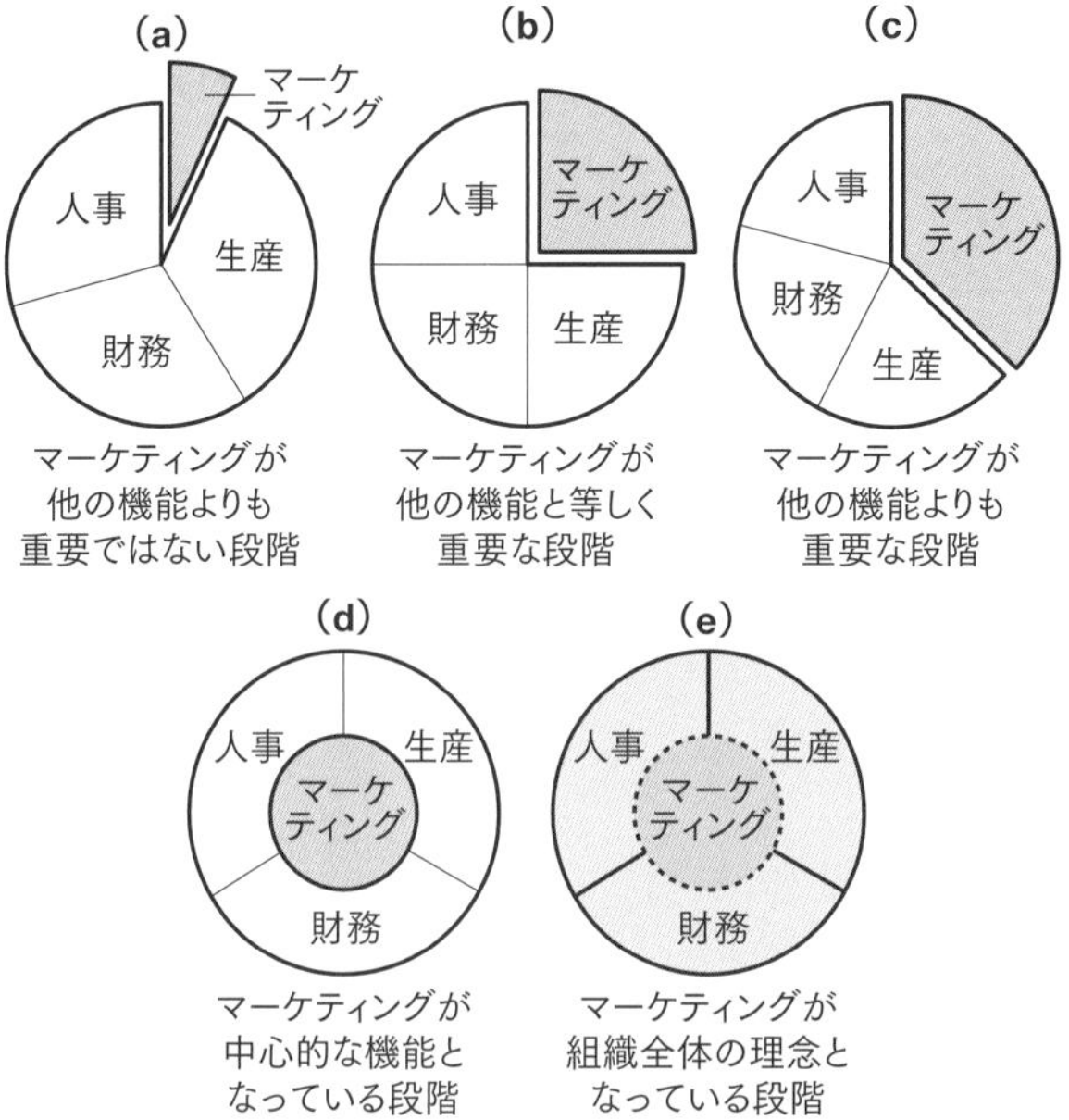

出典：Philip Kotler (2000), *Marketing Management*, 10th ed. Prentice Hall（恩蔵直人監修（2001）『コトラーのマーケティング・マネジメント　ミレニアム版』ピアソン・エデュケーション，34ページを一部改訂）.

段階（b）がある。マーケティングは軽視できないが、だからといって取り立てて重視する必要もない。我が国における多くの企業は、この段階に位置しているようである。続いて、マーケティングの重要性が高まり、他の機能よりも重要になっている段階（c）がある。競争が激しくなり、顧客の要求水準が高まると、マーケティングを軽視した経営はできなくなる。さらに進むと、企業においてマーケティングが中心的な働きをする段階（d）となる。厳しい競争が展開されている食品業界や日用雑貨業界などでは、マーケティングを中核としてビジネス展開している企業が少なくない。

理想的なのは、組織全体がマーケティング発想を有している段階（e）である。マーケティングは特定部門の専有ではなく、組織全体の理念となっている。こうした組織における製造部門や財務部門では、自らの機能を遂行するとともに、組織全体としてのマーケティングを支援するのだという発想が貫かれている。ネスレ、P&G、アップル、そしてヒューレット・パッカードなどは、この段階に位置しており、理想的なマーケティング・カンパニーと呼ぶことができる。

マーケティング3・0への進化

マーケティングはさらに進化している。私はマーケティング研究に携わって三十年を超えるが、この数年におけるマーケティングの変化は過去の変化とは異質な変化であると感じている。ソーシャル・メディアの浸透、中国市場やインド市場の台頭、さらには少子高齢化をはじめとする社会問題の深刻化など、マーケティングを取り囲む環境が大きく変化しており、マーケティングはそうした環境変化への抜本的な対応が求められている。

図表 1-4　マーケティング 3.0

	マーケティング 1.0 製品中心のマーケティング	マーケティング 2.0 顧客中心のマーケティング	マーケティング 3.0 社会中心のマーケティング
目的	製品の販売	顧客の満足と維持	社会の満足と幸福
顧客に対する企業の見方	マス製品の販売対象	マインドとハートを持つセグメント	マインドとハートと精神を持つ全人的存在
主な提供価値	機能的価値	機能的価値 情緒的価値	機能的価値 情緒的価値 社会的価値
マーケティング・キーワード	4P（製品、流通、価格、プロモーション）	STP（市場細分化、ターゲティング、ポジショニング）	ネットワークと共創

出典：Philip Kotler, Hermawan Kartajaya and Iwan Setiawan (2010), *Marketing 3.0*, John Wiley & Sons, Inc.（恩蔵直人監訳（2010）『コトラーのマーケティング3.0』朝日新聞出版、19ページを一部改訂）.

マーケティング研究者であるフィリップ・コトラーは、ヘルマワン・カルタジャヤ、イワン・セティアワンとの共著『マーケティング3・0』において、新しい時代のマーケティングについて論じている。顧客をマスとして捉え、安価な製品提供を目指す製品中心の考え方を「マーケティング1・0」、市場を細分化し、ターゲットと定めた顧客の満足を目指す顧客中心の考え方を「マーケティング2・0」としたならば、「マーケティング3・0」の特徴は、社会中心の考え方にある（図表1―4）。あえて社会という言葉が用いられているのは、人々を単なる消費者や顧客として捉えるのではなく、マインド、ハート、そして精神を有する全人的な存在として捉えているからだ。そうした人々は、購入する製品やサービスに対して、機能的な充足だけではなく、感情的な充足や精神的な充足をも求める。したがって、マーケティング3・0では、人々の志向や価値観、精神の領域にまで踏み込んで、社会の満足に照らして検討する。

マーケティング3・0の特徴は、「協働マーケティング」「文化マーケティング」「スピリチュアル・マーケティング」の融合である。

最初の柱である協働マーケティングでは、人々や他社をいかに自社のマーケティング・システム内に参加させ、協働をはかるかという点が鍵になっている。ツイッターやユーチューブなどソーシャル・メディアの普及により、人々は相互に結びつき、自身の意見や考えを他の人々に伝えることができる。人々の間で展開されるコミュニケーションの影響力は、今日のマーケティングでは無視できない水準に至っており、伝統的マスコミュニケーションを凌ぐことさえある。

インターネットの普及によって、社内で取り組むべき業務の一部を不特定多数の人々へ委託するというクラウドソーシングの可能性も高まり、社内だけでは生み出しにくい新しいアイデアやソリューションが得られるようになっている。「コネクト・アンド・デベロップ」という手法を用いて新製品の開発を進めているP&Gでは、ネットワークによって世界中の起業家や供給業者を巻き込み、革新的な製品アイデアを吸い上げている。スキンケア製品の「オレイ・リジェネリスト」、ほこりとり製品の「スウィッファーダスター」などは、「コネクト・アンド・デベロップ」によって生まれた製品である。

第2の柱である文化マーケティングは、グローバル化のパラドックスに対応している。グローバル化が進むことにより、モノやサービスや人が自由に移動できるようになるが、その一方で、世界各国で自国をグローバル化の影響から守ろうとするナショナリズムが呼び起こされる。

コトラーらは、グローバル化によってもたらされるマクロレベルでの主要なパラドックスを指摘している。一つ目は政治的パラドックスである。民主主義を導入する国もあれば、非民主的な国もある。グローバル化が進むことで経済が開放されたとしても、政治は国単位であって開放されない。二つ目は経済的パラドックスである。グローバル化により経済統合が進んだとしても、経済が平等になるというわけではない。国家間での格差が広がり、特定の国内でも富の格差が拡大している。三つ目は社会文化的パラドックスである。グローバル化は普遍的な文化を生み出す一方で、それに対抗する伝統文化を強化する。均一的な文化が広がるのではなく、むしろ多様な文化が広がるのである。

グローバル化のパラドックスは人々の消費行動を変化させるため、マーケティングにおける対応が求められる。マーケティング3・0を実践するためには、グローバル化の意味を理解し、グローバル市民の関心や欲求に応じなければならない。マクドナルドが進出している国どうしで戦争を起こしたことがないという「マクドナルドの紛争予防理論」、デルのサプライチェーンに組み込まれている国どうしで戦争をしたことがないという「デルの紛争予防理論」などは、今日のグローバル化を考える上で、私たちに一つの視点を与えてくれている。

第3の柱はスピリチュアル・マーケティングであり、創造的社会の時代に対応している。創造的社会では、科学や芸術などクリエイティブな分野で働く人々の果たす役割が大きくなる。アメリカでの分析によると、クリエイティブな働き方や暮らし方をはじめる人々が増えており、創造的分野での投資額や労働者数も増えている。もちろん、創造性は先進国だけのものではない。破壊的なイノベーションは、むしろ低所得国で生じやすいことも指摘されている。

創造的社会が進むと、物質的な充足だけではなく、精神的な豊かさに光が当てられるようになる。人々は自分たちのニーズを満たす製品やサービスを求めるだけではなく、自分たちの精神を感動させる経験やビジネスモデルを支持するようになる。それゆえ、企業も人間と同じように精神性の階段をのぼり、企業のミッションやビジョンや価値に精神的便益を組み込んでいかなければならない。スピリチュアル・マーケティングとは、人々の精神に訴えるマーケティングであり、社会の幸福への貢献を認識してもらうことで、利益を得ようとする仕組みである。

ＳＴＰや四つのＰ（後述）に代表される近代マーケティングの構築以降、マーケティングは少なくとも数回の進化を経験している。競争戦略論、リレーションシップ論、ブランド・エクイティ論などがマーケティングへ導入されたことにより、マーケティングは進化を遂げてきた。私が学生時代に学んだマーケティングと近年のマーケティングは、名称こそ同じであっても実態は大きく変化している。しかし、「マーケティング３・０」と称する新しいマーケティングは、進化を越えた次世代のマーケティングへの革新であり、多くの企業の閉塞感を打ち破る鍵になるはずである。

四つのＰと四つのＣ

マーケティング・コンセプトとマーケティングの進化について理解していただいた上で、マーケティングの骨子ともいうべきミックスの考え方について述べておこう。マーケティング・ミックスは、コントロール可能なマーケティング要素を適切に組み合わせることで、標的市場において目標とした成果を実現するために実施される。マーケティング研究者であるジェロム・マッカーシーは、コントロール可能なマーケティング要素を四つのP、つまり「製品（Product）」「流通（Place）」「価格（Price）」「プロモーション（Promotion）」に整理している。

まず「製品」では、企業が提供する製品（無形のサービスを含む）に結びついた諸課題が検討される。新製品をどのように開発したらよいのか、既存製品をどのように改良すべきなのか、顧客から支持されなくなった製品をいつ廃棄したらよいのか。さらにブランドに関わる課題、保証や返品などの課題も「製品」の領域で検討される。

次に「流通」では、製品をいかにして顧客の手元に届けたらよいのかという課題が検討される。販売ルートであるチャネルをどのように設計し管理したらよいのか、チャネル間で発生するコンフリクトをどのように扱ったらよいのか。また、完成品の流通課題ばかりではなく、原材料の調達などロジスティクスの課題もここに含まれる。

「価格」では、提供している既存製品や市場導入される新製品の価格設定に結びついた課題が検討される。コストや競争や需要をどのように考慮して価格設定を進めたらよいのか。必要に応じて割引を実施したり、顧客の心理を加味したりしながら価格変更を検討する必要もある。価格の課題は非常に重要であり、利益を生み出す唯一のマーケティング変数であると主張する人さえいる。

図表1-5　マーケティングにおける4つのPと4つのC

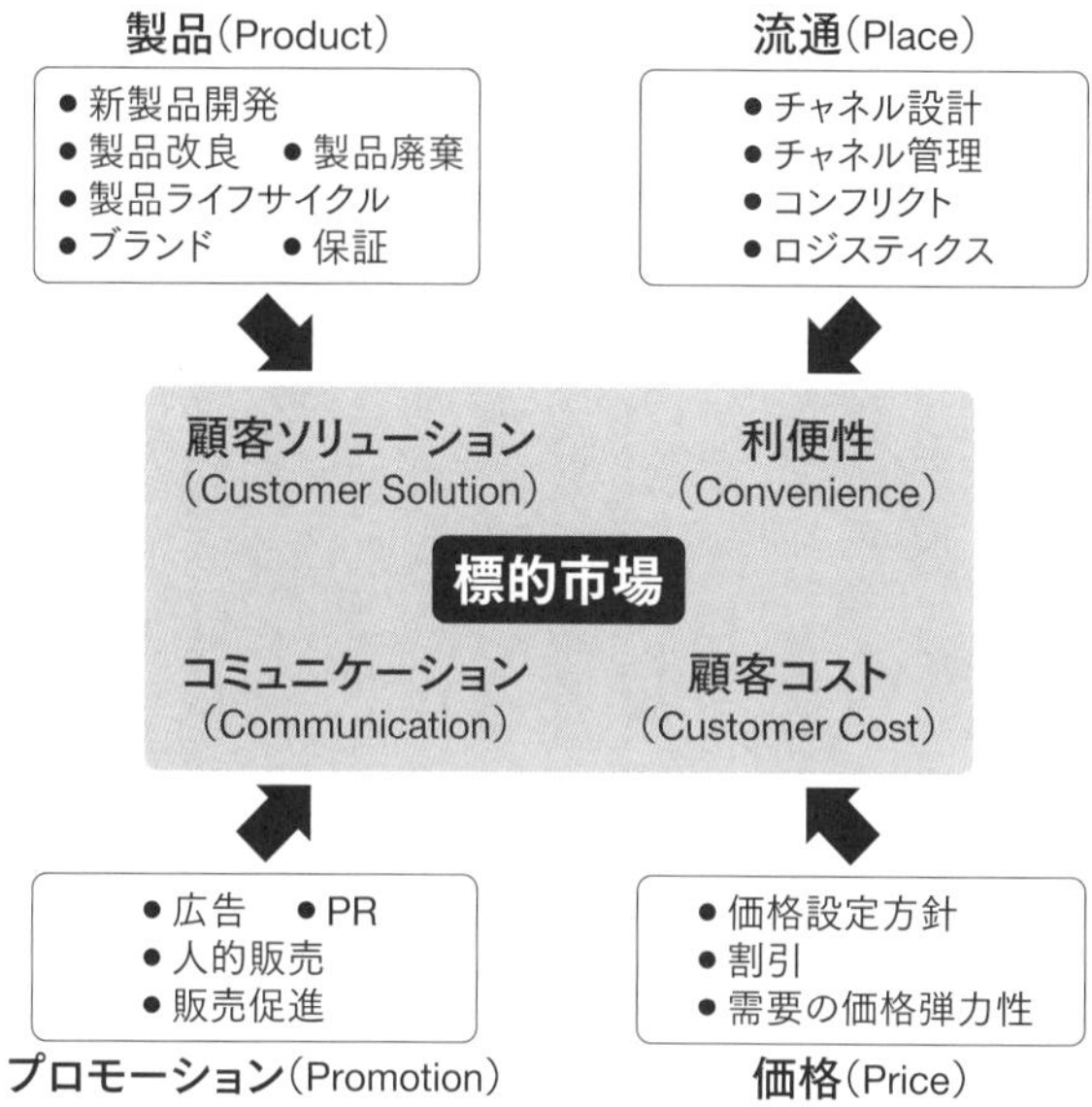

最後に、「プロモーション」について説明しておこう。いかに素晴らしい製品を提供していても、顧客にその存在を知ってもらい、理解してもらわなければ販売に結びつかない。プロモーションとは、顧客に製品の購入を促すための諸活動である。具体的には、広告、人的販売、パブリシティ、そして販売促進などが含まれている。

マーケティングを効果的なものとするためには、全てのマーケティング・ミックス要素を適切に組み合わせて、統合されたマーケティング・プログラムを策定しなければならない。その際、標的顧客とのフィットとともに要素間のフィットが求められる。つまり、狙った顧客が支持してくれる製品を、適切なプロモーションにより、適切な販売ルートを通じて、適切な価格で提供することはもちろん、製品と価格と流通とプロモーションが相互に調和していなければならない。

ところで、四つのPは企業側からの視点に立って整理された枠組みである。ロバート・ラウターボーンは、顧客側からの視点に立ち、四つのPを四つのCに置き換えて整理している（図表1―5）。四つのCとは、顧客ソリューション（Customer Solution）、利便性（Convenience）、顧客コスト（Customer Cost）、そしてコミュニケーション（Communication）である。

2　マーケティングはSTPから始まる

優れたマーケティングを展開するためには、マーケティング・ミックスを実行する前に明確にしておくべき課題がある。それが、STPと呼ばれるセグメンテーション、ターゲティング、ポジショニング（Segmentation, Targeting, Positioning）である。今日のビジネスでは、ある市場の全体を狙うことはまれである。むしろ、市場をいくつかのセグメントに分けて、自社が有利に戦えそうな特定部分を選び出し、その特定部分、つまりターゲットに対して、明確なブランド・ポジションを規定するのである。

製品、流通、価格、プロモーションに関する意思決定は、STPの後に続くというのが理想である。従って、STPはマーケティング・ミックスを実施する前に、マーケターが取り組むべき大切な課題と称することができるだろう。もちろん、ターゲティングやポジショニングは普遍的なものではなく、変更されることもある。その場合には、マーケティング・ミックスとSTPが同時進行するかもしれない。大切なのは、後になってからターゲティングやポジショニングを検討するといった過ちを犯さないように注意することである。

「クールミント（清涼な爽快感をもたらす）」「キシリトール（虫歯を防ぐ）」「ブラック・ブラック（眠気を防ぐ）」「アクオ（息をコントロールし、口臭を防ぐ）」「Fit's（ソフトで新感覚な噛み心地）」。これらは、ロッテによって販売されているガムのブランドである。同社では、ガム市場における様々なニーズを把握し、それぞれの市場セグメントに対して、明確なポジションを有する複数ブランドの提供で対応している。

サントリーによって二〇一七年に市場導入された「クラフトボス」でも、STPが明確に規定されている。一九九二年の「ボス」導入時におけるポジショニング「働く人の相棒」を踏襲しつつ、缶コーヒーを積極的には飲まないIT系オフィスワーカーに着目し、彼らの飲用スタイル「働きながら飲む」への対応を試みた。缶ではなくペットボトルを採用し、本格コーヒーであることを伝えるクラフトのネーミングをボスの前に付した。少しずつ飲むことを想定し、コクがありながらも苦すぎず、すっきり飲み続けられる「澄みわたるコク」を実現している。豆の選定、焙煎、抽出など二〇〇超の工程にこだわり、五種のコーヒー豆をブレンドするなどして若年層と女性からの支持を得た。「クラフトボス」は、二〇一七年度の日本マーケティング大賞に輝いている。

セグメンテーションの考え方

かつて、マス・マーケティングが有効に機能していた時代があった。売り手は限られた製品をマス生産し、マス流通させ、マス・プロモーションすることで、市場全体に売り込むことができた。例えば、コカ・コーラは一九二mlの瓶入りコークのみを生産し、それを世界中の人々に販売していた。

ところが今日、一つの製品で市場の全てを満足させることはできなくなっている。顧客のニーズは多様化し、一つの市場においても様々な嗜好が存在するようになっているからだ。そこでミクロ・マーケティングがマス・マーケティングに取って代わるようになった。

ミクロ・マーケティングは、さらに三つに分けることができる（図表1－6）。第一は、セグメント・マーケティングである。ある特定市場は、同じようなニーズ、同じような購買力、

図表 1-6　マス・マーケティングとミクロ・マーケティング

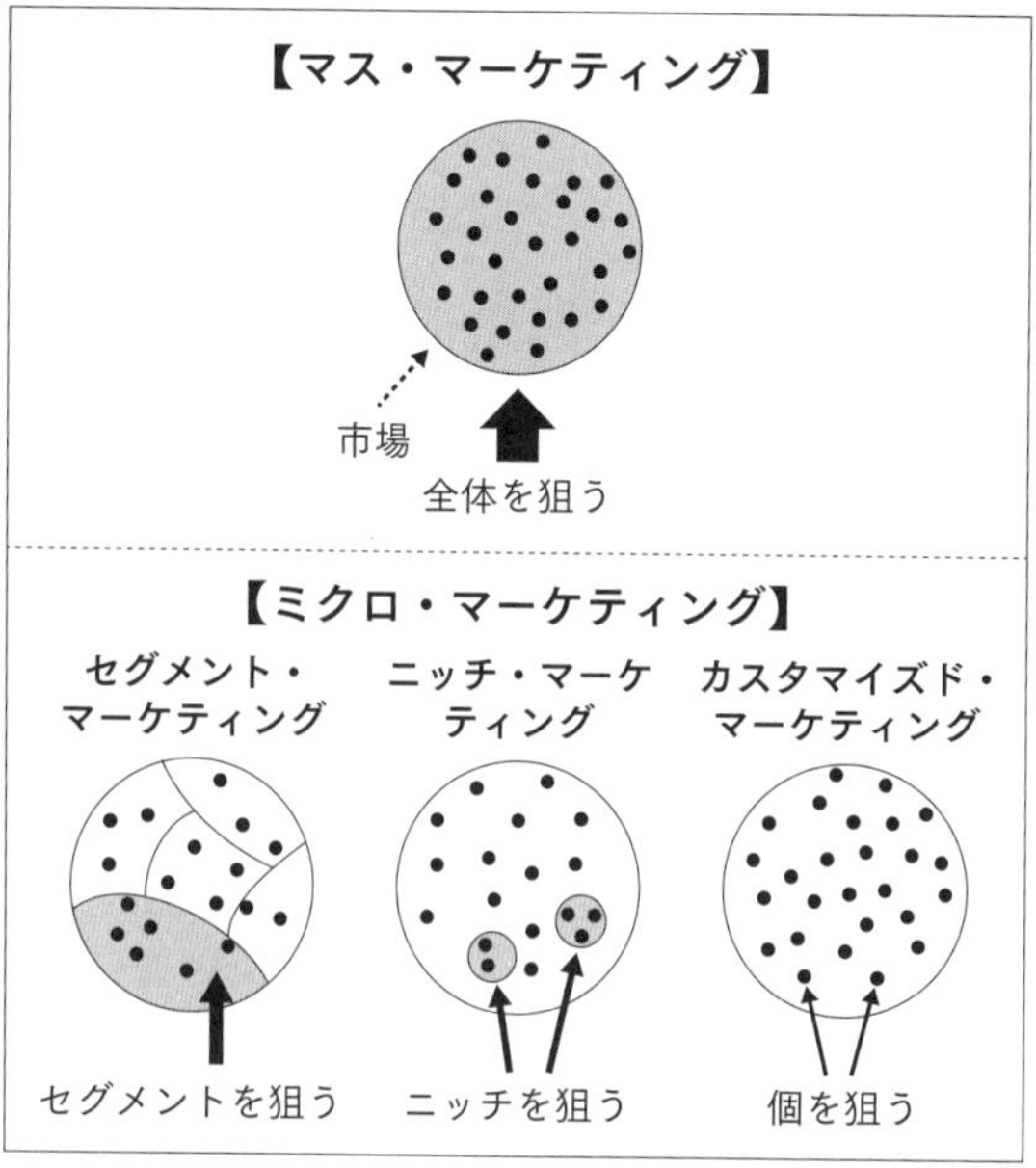

同じような行動を有するいくつかのセグメントに区別できるかもしれない。だとしたら、市場を一つの塊として捉えるのではなく複数セグメントからなる集合体として捉え、それぞれのセグメントに向けて異なる製品やサービスを提供すればよい。先に述べたロッテによるガム市場への対応は、このセグメント・マーケティングの好例である。

第二は、ニッチ・マーケティングである。ニッチとは、市場において明確なサブ・ニーズを有した小さな特定部分をいう。高級ファッション・ブランドに化粧筆を提供している「白鳳堂」、世界の軍用双眼鏡の専門メーカーであるドイツの「シュタイナー社」、高級車向けのブレーキを生産しているイタリアの「ブレンボ」などは、優れたニッチ・マーケティングの実践者といえるだろう。ニッチ・マーケティングはセグメント・マーケティングよりも顧客ニーズを的確に満たしているため、企業は顧客からの強い支持を得ることができ、またプレミアム価格を設定することもできる。

第三は、カスタマイズド・マーケティングである。ミクロ・マーケティングの究極の姿であり、個の単位で顧客を狙ったマーケティングといえる。生産技術や情報技術が進歩したことにより、マスの効率を生かしながら個別ニーズに応じた製品やサービスの提供が実現できるようになった。例えば、スポーツ用品で有名なナイキは、ＮＩＫＥｉＤによって自分だけのスニーカーやバッグを提供している。スニーカーであれば、ベースやソールの色をはじめ、自分のイニシャルや好きな番号などを入れることにより、他にないスニーカーを所持できる。

市場細分化の切り口

市場細分化は、いくつかの切り口で実施することができる。そうした切り口は細分化変数と呼ばれており、地理的変数、人口統計的変数、サイコグラフィック変数、行動上の変数という四つに整理できる。

地理的変数とは気候、人口密度、行政単位などであり、地域による顧客ニーズの違いが確認できる場合に取り上げられる変数である。関東地域と関西地域では好まれる風味が違うため、多くの食品において異なる味付けがなされている。住宅や自動車などでも、暖かい地域と寒い地域では仕様が異なっている。地域の特性に注目して展開されるきめ細かいマーケティングは、エリア・マーケティングと呼ばれている。

人口統計的変数とは年齢、性別、所得、学歴、ライフステージ、職業などであり、市場細分化において最も頻繁に利用されている切り口である。例えば、化粧品はまず性別によって区別されている。さらに女性用化粧品は、年齢によって若者向けから高齢者向けまで多くのバリエーションが用意されている。ゴールドカードやプラチナカードなどのバリエーションがあるクレジットカードでは、所得や職業という切り口で消費者を区分している。

サイコグラフィック変数とは、ライフスタイルやパーソナリティ（顧客の性格や個性）である。性別や職業が同じで、同じような年齢で、同じような所得であっても、旅行や外食が好きでアウトドアにおいて時間を過ごすことの多い人もいれば、読書やゲームが好きで室内において時間を過ごすことの多い人もいる。こうした違いは、人口統計的変数による説明が難しい。そこで注目されるようになったのがライフスタイルであり、これは消費者の生活様式や生き方に光を当てた変数である。若い女性を狙ったファッション雑誌は何種類も発行されているが、ライフスタイルの違いに応じて支持されるファッションを掲載することにより、雑誌の特徴を打ち出している。タバコ、アルコール飲料、保険などでは、パーソナリティを考慮した製品開発がなされている。

行動上の変数とは、ベネフィット、使用頻度、ロイヤルティ、使用機会などである。虫歯予防、口臭予防、歯周病予防など、今日の練り歯磨きの多くは、単なる練り歯磨きではなく何らかの特徴を有している。これは、人々が求めているベネフィットを明らかにし、ベネフィットに応じて市場を細分化し、製品を差別化していった結果である。また、いくつかの業界では、ヘビーユーザーを狙う企業もあればライトユーザーを狙う企業もある。これは、使用頻度による顧客の違いに注目しているからである。

なお、職業と所得、ライフステージと年齢のように、人口統計的変数のいくつかは極めて強い結びつきを有しているため、複数の変数を組み合わせるときには注意しなければならない。また宗教や人種のように、アメリカでは重要な意味を有していても、日本ではほとんど意味を有していない変数もある。

図表1-7　3つのターゲティング

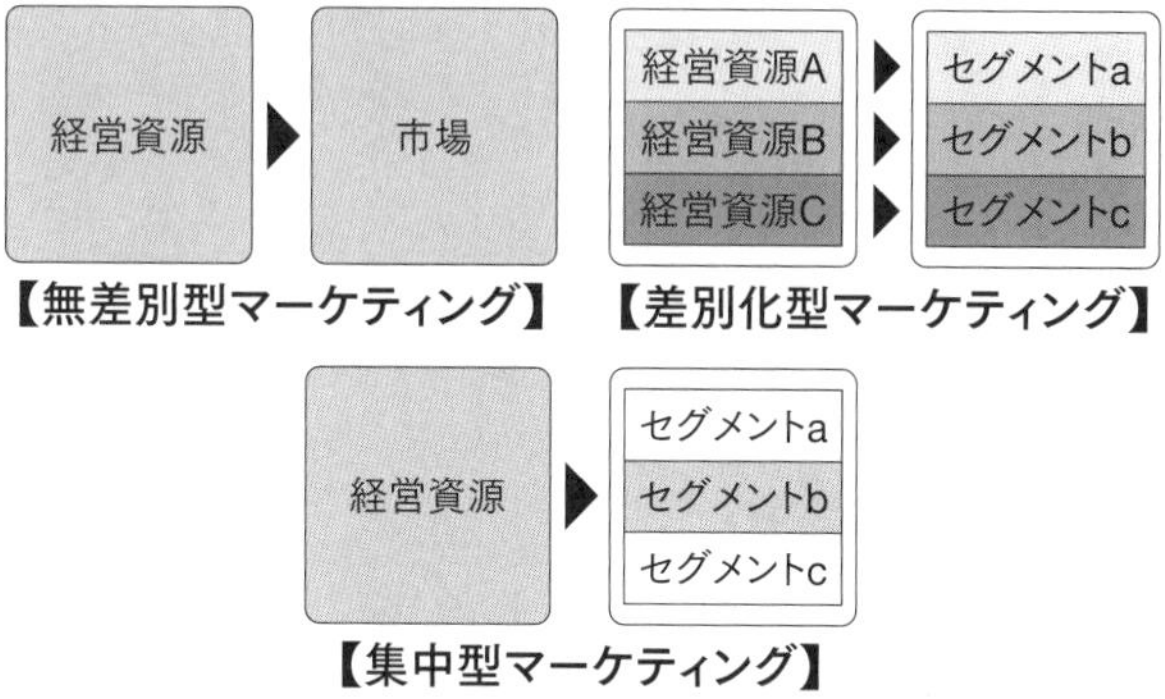

ターゲティングの考え方

市場細分化が進められたならば、次に標的市場を設定しなければならない。標的市場の設定はターゲティングと呼ばれているが、これは細分化された複数の下位市場を評価して、どの下位市場をターゲットとするのかについての意思決定である。標的市場に対するマーケティングには、無差別型マーケティング、差別化型マーケティング、集中型マーケティングという三つの考え方がある（図表1－7）。

無差別型マーケティングとは、市場セグメント間の違いを無視して共通の製品やサービスを提供していこうとする考え方である。そのため、市場セグメント間のニーズの相違点ではなく、ニーズの共通点に注目する。企業はマスの力を最大限に活用し、効率の良いマーケティングを展開することになる。ユニクロによるフリースやヒートテックなどは、無差別型マーケティングの一種と考えられる。しかし、幅広い顧客に支持されるような製品やサービスを開発することは極めて困難であり、この無差別型マーケティングが今日の市場において有効に機能することは極めて少ない。

差別化型マーケティングとは、複数の市場セグメントを取り上げ、それぞれの市場セグメントに対して異なる製品やサービスを提供していこうとする考え方である。顧客の好みが一様ではないことを前提とするならば、今日の市場において、差別化型マーケティングは理にかなっている。顧客の好みに合致すれば、もちろん強い支持が得られるはずである。顧客の予算や目的を考慮して、トヨタが小型車から大型車まで様々な乗用車を提供しているのは、差別化型マーケティングの典型といえる。

もっとも、差別化型マーケティングを実施するためには、個別のマーケティング計画を立案し展開することになるので、どうしても効率面において劣ってしまう。一種類の製品を一〇〇個製造するよりも、一〇種類の製品をそれぞれ一〇個ずつ製造する方がコストは高くなることを考えると分かりやすい。

集中型マーケティングとは、一つもしくは少数の市場セグメントに注目して、その市場セグメントに自社の経営資源を集中させようとする考え方である。多くの顧客の好みを満たすことはできないが、限られた市場で効率の良いマーケティングを展開できる。高級スポーツカーを提供しているフェラーリは、集中型マーケティングを展開していると考えることができる。特定顧客の好みや特性を十分に理解することで、当該市場からは高い評価が与えられ、高いシェアを獲得できるので、経営資源の限られている企業に適したマーケティングといえる。

ただし、過度に集中してしまうと、狙っている市場が不振に陥り、特定市場の命運とともに自社の命運が尽きてしまうことがある。また、狙っている市場に強力なライバルが参入してくることもある。従って、多くの企業はリスクの分散を狙い、一つではなく複数のセグメントで事業展開をしている。

ポジショニングの考え方

ポジショニングとは、見込み客のマインド内に自社ブランドをどのように位置づけたらよいのか、というマーケティングにおける重要課題である。ターゲットとすべき市場セグメントが決定されたならば、当該市場において占めるべき「位置」を明確化しなければならない。例えば、ボルボは「最も安全な自動車」、BMWは「究極のドライビング・マシン」、ポルシェは「世界最高の小型スポーツカー」として位置づけられてきた。

こうしたブランドのポジションとは、絶対的なものというよりは相対的なものであり、競合関係にある複数のブランドを顧客が比較検討することで抱く知覚や感覚によって規定される。従って、ポジショニングは製品に対して行われる方策というよりも、顧客のマインド（心）に対して働きかける方策として捉えるべきである。

一般には、製品が設計される前にポジショニングは決められていなければならない。製品が設計され、完成した後にポジショニングを確定しようとすると、多くの自由度が奪われているため、望ましい結果に結びつきにくいからだ。それゆえ、製品の完成後に苦しみながらポジショニングを検討するようなことは避けるべきであり、四つのPからなるマーケティング・ミックスを展開する前に、STP、つまりセグメンテーション、ターゲティング、ポジショニングを決定しておかなければならない。なお、既存製品のポジショニングを変更する意思決定はリポジショニングと呼ばれており、ブランドの再活性化や低迷しているブランドの巻き返しを狙って用いられることが多い。

企業側からの働きかけがないと、顧客はブランドを思い思いにポジショニングしてしまう。するると、ブランドは独自の特徴を有することができず、いわば顔を失った状態になる。これでは強いブランド構築へと結びつかないし、もちろん大きな成果へも結びつきにくい。そこで、自社ブランドの独自性を生み出し大きな成果を得るために、マーケターは適切な切り口によるポジショニングを検討しなければならない。例えば、先発の医薬品ブランドが「即効性」という切り口でポジショニングしていたら、後発ブランドは「持続性」という切り口でポジショニングすればよい。さらには、「眠くなりにくさ」「利便性」「胃へのやさしさ」などの切り口でポジショニングすることも可能である。

もちろんポジショニングは、どのような切り口でも良いというわけではない。あるポジショニングの切り口が有効であるためには、少なくとも次の三つの条件を備えていなければならない。

第一に、「重要性」である。多くの顧客が重要性を感じる必要がある。風邪薬であれば、即効性は重要性という条件を備えているが、薬の色は重要性を備えていないだろう。

第二に、「独自性」である。既存の切り口は、有効なポジショニングには結びつきにくい。他社ブランドによって既に即効性が用いられていれば、自社ブランドでは胃へのやさしさを用いるなど、むしろユニークさを追求した方がよい。

第三に、「優越性」である。自社ブランドのポジショニングは、競合ブランドと比べて常に優位であることが望ましい。競合他社が類似したポジショニングで参入してきたり、自社が既存ブランドと類似した切り口でポジショニングを展開したりするかもしれない。例えば、持続性という切り口で競争している風邪薬は少なくないが、競合ブランドが二四時間の持続性を訴えていたならば、自社ブランドが一二時間の持続性を訴えても劣ったポジショニングとなってしまう。

ポジショニング展開における三つのミス

ポジショニング戦略の実施では、一つのベネフィットに絞り込むことが重要であると指摘されている。ロッサー・リーブスによると、各ブランドではそれぞれユニークな販売命題（USP：unique selling proposition）を規定し、マーケターはそのUSPに固執すべきだという。例えば、練り歯磨きの「クレスト」は、一貫して虫歯予防というUSPを訴え続けてきた。ポジショニングによってブランドに付与されたベネフィットや属性において、当該ブランドはナンバーワンであることが理想である。

ポジショニング戦略を展開するにあたり、企業は三つのミスを犯してしまうことがある（図表1－8）。

第一のミスは、アンダー・ポジショニングである。顧客側からみて、これといった特徴のないブランドにとどまってしまうミスである。ブランド名は知られていても、それ以上のイメージが浮かびにくいブランドは少なくない。広告コミュニケーションの量が不足していたり、取り上げられているポジショニングの切り口が不適切であったりする場合、この種のミスが生じやすい。一般に、前者の原因よりも後者の原因の方が深刻であり、ポジショニング

図表1-8　ポジショニング展開の3つのミス

	特徴	原因	直接的な影響
アンダー・ポジショニング	希薄なポジション	コミュニケーションの不足 不適切な切り口	顧客による無関心
オーバー・ポジショニング	狭いポジション	焦点の過度な絞り込み	顧客による敬遠
混乱したポジショニング	複数のポジション	一貫性を欠くコミュニケーション	顧客による混乱

の切り口が不適切であれば、ポジショニング戦略の抜本的な再検討が求められる。

第二のミスは、オーバー・ポジショニングである。顧客側からみて、ブランドのポジションがあまりにも狭く捉えられてしまうミスである。実際には、高価格帯の製品だけではなく中価格帯の製品も扱っているのに、顧客が高価格帯の製品しか扱っていないと感じてしまうような場合である。深刻なオーバー・ポジショニングに陥るとチャンスロスを引き起こし、ブランドの発展が阻害されてしまう。もっとも、ポジショニングが効きすぎている状況なので、効いていないアンダー・ポジショニングほど深刻ではない。オーバー・ポジショニングであるという事実を正確に認識できれば、ポジションの強化よりもポジションの希釈の方が容易なので、オーバー・ポジショニングの解消はそれほど困難ではない。

第三のミスは、混乱したポジショニングである。顧客側からみて、ブランドのポジションが定まらず、混乱状態へと導かれてしまうミスである。ブランドのイメージが一様でないと、顧客はどうしても当惑してしまう。いくつかのブランドでは、キャンペーンごとに異なるテーマが採用され、とても一貫しているとは思えないイメージが訴求されている。こうしたキャンペーンが繰り返されると、毎回の新鮮さによって顧客の目を引く一面もあるだろうが、たいていは混乱を引き起こし、強固なブランド構築には至らない。

優れたブランド・マネジメントを実施している企業では、ブランドのルールブックとも呼べるブランド憲章を設けて、各ブランドの製品デザイン面やコミュニケーション面において、変更してもよい部分と変更してはならない部分を明確に規定している。

類似点連想と相違点連想

ポジショニングに限らず差別化や持続的競争優位など、マーケティングでは「違い」を訴えることの重要性が繰り返し強調されてきた。広告実務の領域でも、競合他社にはない購買理由を顧客に与えるために、ブランドのどのような側面を広告によって訴求すべきかが重要である。

実際、顧客によるブランド選択を分析してみると、ブランド連想のユニークさに起因する場合が少なくない。ブランド連想とは、あるブランドと様々な項目との結びつきのことである。結びつき先となる項目は、製品の属性面ということもあるし、イメージ面ということもある。ジーンズの「リーバイス」はデニムの素材という属性と結びついているとともに、カジュアルなどのイメージとも結びついている。顧客による購買を引き起こすためには、そうした結びつき先となる項目のユニークさが必要なのだ。

ブランド研究者として有名なケビン・ケラーも、強いブランドであるためには、「強く、好ましく、そしてユニークなブランド連想が必要」であると繰り返し主張している。競合ブランドにはみられないブランド連想は相違点連想と呼ばれる。

ユニークさの存在は当然であるが、それだけで十分であるとはいえない。競争の土俵に上り、名乗りを上げるために求められる必要条件が見落とされているからだ。その必要条件とは類似点連想であり、競合ブランドと比較してイコールであると認識されるような連想である。実際、家電製品や食品のブランド間では、重要な属性における違いがほとんどみられない。何らかの重要な属性において著しく劣っていると、その時点で、当該ブランドは競争から脱落してしまう。無形のサービスにおいても、翌日配送や地帯均一料金などの基本部分は宅配業者による違いがほとんどない。

どのブランドをとっても大きな違いがないというコモディティ化が進む今日の競争環境に

おいて、重要な属性間で著しい違いが存在することはまれで、有力ブランドの多くは同質化していると考えた方がよいだろう。

類似点という視点では、より積極的な競争的類似点連想についても説明しておかなければならない。これは、競合ブランドとの相違点を打ち消すことを目的として、ブランド連想を構築する戦略である。相手のユニークさの中和が狙いであるため、自社ブランドと競合ブランドとの大きな違いを感じさせない程度でよい。三種類の種目で競うトライアスロンにおいて、競争相手の得意種目で大差をつけられないようにすることをイメージしてほしい。もし自分に得意種目があれば、他で大きな後れをとらない限り、得意種目での差が勝敗を決する鍵になる。強いブランドを構築するためには、ユニークさとともに類似点へも知恵を注ぐ必要がある。

クレジットカード業界で考えてみよう。かつて、この業界におけるリーダー・ブランドは、プレステージ性やステータス性を前面に打ち出していた「AMEX」であった。「VISA」がブランドとしての優位性を構築するためには、類似点連想によって少なくとも「AMEX」のステータス性とほぼ同等のイメージを打ち立て、さらに何らかの相違点連想を作り出す必要があった。

そこで「VISA」は、ゴールドカードとプラチナカードを導入した。ステータス性を高めるために、製品面における具体的解決策を講じたのである。続いて、「VISA。皆さんが行きたいと思うすべての場所に」というスローガンを用い、新しい広告キャンペーンを展開した。「すべての場所に」というフレーズには、利用場所が限られている「AMEX」と比べて、「VISA」の相違点となる利便性が盛り込まれていた。

3　顧客は永遠に満足しない

何らかの製品に対して、顧客は本当に満足するのだろうか。ある特定時点に限っていうならば、顧客は満足しうると考えてよいだろう。スピードやステアリングの制御機能が自動車に導入される前、私たちは従来の自動車にそうした機能を求めることはなかった。動画を見るなどのエンターテインメント機能付きのスマートフォンが登場する前、従来の携帯電話で充分に満足していた。二枚のガラスを用いたペアガラスのサッシ窓が紹介される前、サッシ窓のガラスを二重にするなど考えたことがなかった。スナック菓子や清涼飲料においてさえ、私たちは過去のそれぞれの時点では十分満足してきたといえる。

しかしながら、そうした満足の大半は新製品によって打ち消されてきた。企業は新しい価値を提示することにより、高いレベルでの顧客満足を生み出し、市場を拡大したり創造したりしてきた。ひとたび引き上げられた満足水準は、それ以降、同じ価値水準では大きな満足とはなり得ず、ある種の必要条件となってゆく。そうだとすれば、顧客ニーズが満たされることはなく、顧客は永遠に満足しないということになる。顧客を一定の満足で立ち止まらせるか、より大きな満足を覚えさせるかは企業のマーケティングにかかっているともいえる。

以下では、マーケティングの基本概念として避けて通ることのできない、顧客価値や顧客満足などについて整理しておきたい。

顧客価値とは何か

コモディティ化が進むとともに、顧客にとっての選択肢が増えてくると、顧客ニーズに適した製品を生産するだけでは競争優位を実現できない。自社製品がいくら顧客ニーズに合致していても、競合ブランドとの明確な違いがなければ、顧客からの強い支持は得られないからだ。競合ブランドとの違いは、製品はもちろん、価格、広告、販売促進などによっても生み出すことができる。今日のマーケティングでは、顧客価値提供のシークエンス（連鎖）として捉え、顧客価値を生み出すだけではなく、そうした価値をいかに顧客のもとへと届け、どのように顧客へ説明をして理解してもらうかについて検討しなければならない。

つまりマーケティングとは、「顧客価値を創造し、伝達し、説得するプロセス」として理解すべきである。四つのPとの関係で説明するならば、顧客価値の創造は主として製品（Product）と、顧客価値の伝達は主として流通（Place）と、顧客価値の説得は主として価格（Price）およびプロモーション（Promotion）と、それぞれ結びついている。

さて顧客価値とは、顧客が「得るもの全て」と顧客が「失うもの全て」の比によって説明することができる。得るものとは製品機能に代表されるベネフィットであり、失うものとは価格に代表されるコストである。だとすれば、より大きな顧客価値を創造するためには、次の五つの組み合わせが考えられる。

①ベネフィットを引き上げ、しかもコストを引き下げる

②ベネフィットを引き上げるが、コストは据え置く

③コストを引き上げるが、それ以上にベネフィットを引き上げる

④ベネフィットを据え置くが、コストは引き下げる

⑤ベネフィットを引き下げるが、それ以上にコストを引き下げる

カーナビやスマートフォンなど、我々の身の回りにはベネフィットが引き上げられ、しかもコストが引き下げられている製品が多いようである。アップルは二〇〇七年に初代iPhoneを導入し数年ごとにモデルを更新しているが、iPhone 3G（二代目）を発売したとき、モバイル通信速度が約二倍になったにもかかわらず、価格は初代モデルの三九九ドルから

一九九ドルに引き下げた。そのとき、アップルは「Twice as Fast, Half the Price」というキャッチコピーを用いて人々に訴えた。

顧客価値という視点で考えると、他にもいくつかの方法でより大きな価値を創造することができる。もちろん、受け手である顧客によって、価値は最終的に決められる。全く同じ提供物であっても、受け手の捉え方や価値観によってベネフィットやコストは大きく異なるからだ。フィリップ・コトラーは著書『コトラーのマーケティング・コンセプト』の中で、次のようなエピソードを紹介している。

あるとき、子供が三人のレンガ職人に会い、「何をしているの」と尋ねた。すると、一人目のレンガ職人は「セメントを混ぜているのだ」と答え、二人目は「この壁を作っているのだ」と答え、そして三人目は「大聖堂を建てているのだ」と答えた。捉え方の違いによって、同じ作業が「単なる労働」にも「夢の実現への一歩」にもなるのである。

顧客満足の考え方

多くの企業にとって、顧客満足（CS）は主要な企業目的であり、またマーケティング・ツールにもなっている。製品に関するわずかなトラブルであっても、そうしたトラブルが適切に解決されなければ、購入者はすぐに別の企業へ逃げていく。製品に関するちょっとした質問や問い合わせにおいて、企業側の対応が十分でなければ、やはり顧客は許してくれない。以前に比べると、顧客の要求水準は明らかに高くなっているようである。

そこで今日的な顧客満足では、不満状態から満足状態へ引き上げるというのではなく、低い満足状態からより高い満足状態へ引き上げることを意味している場合が多い。ある企業の経営幹部によると、満足度の高い顧客は、普通に満足している顧客の約一〇倍の価値があるという。満足度の高い顧客は、簡単に他社へスイッチすることがなく、値引きへの要求も少なく、自社製品に対して好意的なクチコミを発信してくれるからだ。

一般に顧客満足は、購買者に知覚された製品パフォーマンスが購買者の期待をどの程度満たしているかによって決まる。製品パフォーマンスが期待に比して低ければ購買者は不満を抱く。そして、製品パフォーマンスが期待に見合うものであれば購買者は満足する。さらに、製品パフォーマンスが期待を大きく上回れば、購買者は満足を超えた喜びへと至るだろう。

では、期待はどのように形成されるのだろうか。多くの場合、購買者の期待は、過去の購入経験、友人の意見、そして広告や販売員などから得た情報によって形成される。もし期待が大きすぎると、製品パフォーマンスにおけるハードルが高くなり、購買者の満足は得にくい。かといって、期待を低下させてしまうと、一部の購買者から満足を得られたとしても、引きつけられる顧客数は不足してしまう。今日的なマーケティングでは、顧客に高い期待を抱かせながら、それに見合う製品パフォーマンスによって顧客満足を実現しなければならない。

もっとも、ここで注意すべきなのは、顧客満足の最大化が最も望ましいわけではないということだ。限りなく満足度を高くしたいならば、価格を大幅に引き下げたり、品質を高度化したりすればよい。だがそれでは利益が生まれない。顧客への価値提供によって満足を引き起こすとともに、自らも適切な利益を生み出さなければならない。

顧客満足を重視する企業では、満足している顧客の比率だけではなく、顧客の離反率にも注目している。顧客の離反とは、自社から購入していた顧客が、購入をやめたり、別の供給業者にスイッチしたりすることである。いわば顧客の喪失であり、多くの場合は満足度が低いために発生する。しかも、離反していく顧客の多くは、その原因となっている不満や苦情について企業に語ることが少ない。一つの対応策は、顧客が不満や苦情を述べやすい仕組みの構築である。ホテルなどでよく見かけるアンケート用紙の他に、専用の無料電話、ホームページなどが多くの企業によって採用されている。

「顧客の離反率」を軽視しない

大学に入学した学生は、全員が卒業するとは限らない。別の大学で学びたい、別のことをはじめたい、そして経済的な負担に耐えられない、などの理由で一度入学した大学を退学してしまう学生もいる。

大学にとっての学生とは、ある種の「顧客」であるが、入学した大学生の一部が退学してしまうように、多くの組織においても顧客の一部は失われてしまう。平均的な企業では毎年一〇%の顧客を失っている、との調査結果も報告されている。アメリカにおける通信事業者のように、毎年二五%の携帯電話加入者を失っている会社もある。これを金額にすると二〇億ドルから四〇億ドルの損失にも及ぶという。

顧客が失われる割合は「顧客の離反率」と呼ばれるが、今日のマーケティングでは、新規顧客の獲得とともに既存顧客の離反率の引き下げが重視されるようになっている。

顧客の離反率の引き下げはなぜ大切なのだろうか。新規顧客を次々と獲得できたとしても、顧客の離反率が高く、多くの顧客を失っていれば、穴のあいたバケツに水を注ぎ込んでいるようなものである。バケツに水がたまらないのと同様に、獲得した顧客を次々に失っていては、顧客との良好な長期的関係などとても構築できない。

しかも、新規顧客を獲得するためのコストは、既存顧客を維持するためのコストに比べて五倍は必要とされる。成長市場において売上げを重視する企業は新規顧客の獲得を優先させてもよいだろうが、成熟市場において利益を重視する企業は既存顧客の維持を優先させるべ

図表 1-9　顧客育成のプロセス

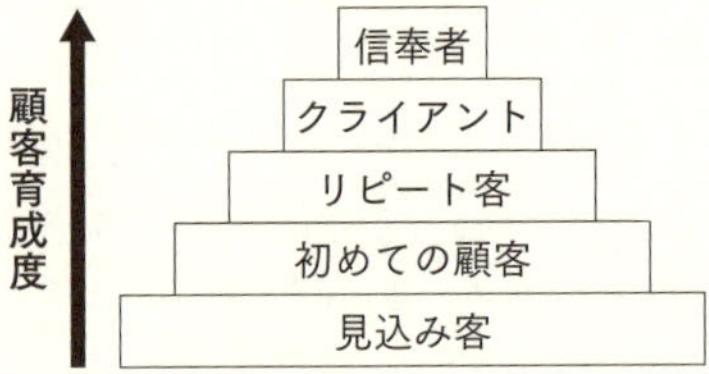

きだろう。

その結果として、今日のマーケティングでは顧客育成の視点を避けて通ることができなくなっている。図表1－9に沿って、顧客育成のプロセスについてみていこう。顧客育成の出発点は「見込み客」である。彼らは自社製品に対して潜在的な関心を有しており、しかも購入能力を備えている。信用度が低いなどの理由により不適格者でない限り、企業は様々なマーケティング活動によって見込み客への販売を試みる。そして見込み客の一部は、実際に自社製品を購入し、「初めての顧客」となる。続いて、初めての顧客が実際の購入によって満足を得たならば、再び同一企業からの購入を希望し「リピート客」へと進化する。

リピート客が、競合他社よりも自社を強く支持してくれるようになると、顧客ではなく「クライアント」としての資格を有するようになる。クライアントとは、売り手側も買い手側もお互いに相手をよく理解することによって、売り手側から特別扱いされる顧客のことである。

最終的にはクライアントから「信奉者」への転換が目指される。信奉者を育成できれば、企業は多大な見返りを期待することができる。信奉者は単に自社製品を最優先で購入してくれるだけではなく、彼らは熱狂的ともいえる支持者であり、他の人々へ自社製品の素晴らしさをクチコミで伝え、自社製品を強力に推奨してくれるからだ。まさに、ブランドの伝道師としての働きをしてくれるのである。ハーレーダビッドソンやディズニーなどのブランドでは、この伝道師ともいえる信奉者を多数抱えている。

顧客生涯価値と顧客シェア

伝統的なマーケティングでは、いくつかの切り口で市場を細分化し、標的市場を規定してきた。このプロセスで重視されるのは取り込む発想であり、新しい顧客の確保によって成長を求めてきた。もちろん、ニッチ志向つまり焦点の絞り込みの重要性が指摘されることはあったが、絞り込みの圧力が取り込む圧力を上まわることはなかった。

ところが、顧客の収益性は一様でないことが、しだいに認識されるようになってきた。アメリカン・エキスプレスのジェームズ・パッテンによると、最高の顧客は他の顧客に比べて、小売業で一六倍、飲食業で一三倍、航空業で一二倍、ホテル業で五倍の支出をしているという。よく知られている八〇対二〇の法則でも、上位二〇％の顧客によって、企業全体の利益の約八〇%がもたらされると指摘されている。だとすれば、均質的に顧客を捉えるのではなく、個々の顧客における収益性の違いを認識すべきである。

もし顧客の収益性の違いが認識されたならば、顧客は単なるビジネスの対象というよりも、ある種の資産として捉えた方がよさそうである。不良資産ともいえる収益性の低い顧客は、場合によっては、切り捨てることも検討すべきである。また収益性の低い顧客に対しては一部のサービスを値上げしたり、逆に、サービス・コストを削減したりするなどの対応策も求められるだろう。アメリカの大手銀行であるシティバンクでは、取引残額が一定額を下回る小口預金者に口座維持手数料を課している。

顧客の収益性と結びついた枠組みとして、顧客生涯価値が知られている。顧客生涯価値とは、ある特定の顧客から自社が得ることになる収益の現在価値である。メキシコ料理のファストフードチェーン店であるタコベルの経営幹部は、自社の常連客には一万一〇〇〇ドルの価値があると理解している。また、自動車ディーラーを経営するカール・スーエルによると、一般的な自動車所有者は一人につき、自動車本体の購入とサービスに生涯で三〇万ドルの支出をするという。

顧客生涯価値の考え方が広まるとともに、顧客シェアの考え方も浸透してきている。マーケティングにおいて馴染みのある市場シェアは、市場全体に占める自社の取り分を明らかに

図表 1-10　市場シェアと顧客シェア

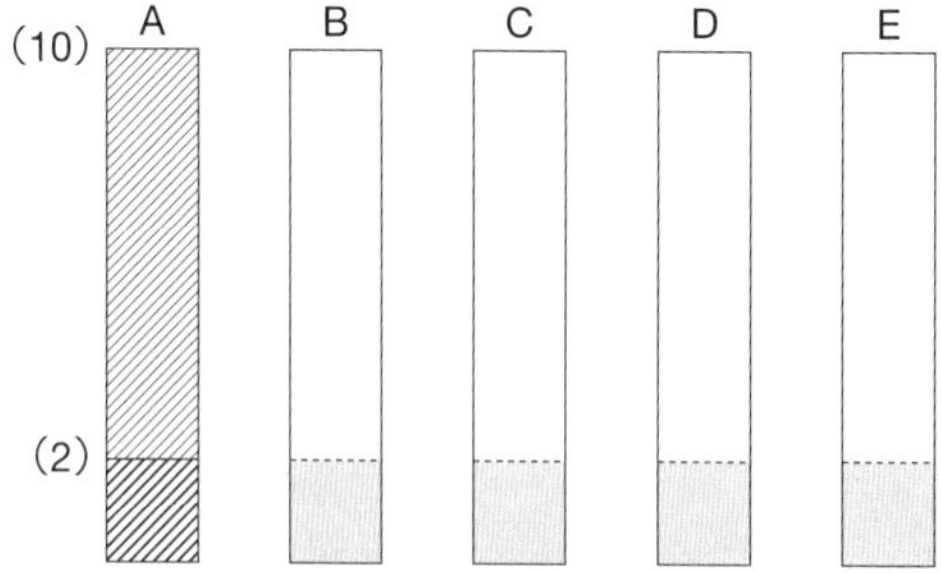

市場シェア20%といっても，5人の顧客から2単位ずつ確保する場合もあれば，顧客Aから10単位すべてを確保する（顧客シェア100%）場合もある。

する指標であるが、顧客間の違いは無視されている。これに対して顧客シェアでは、個々の顧客の価値に占める自社の取り分を明らかにしており、より「個」に注目した考え方である。

例えば、顧客がAからEまで五人いたとしよう。それぞれの顧客が一〇単位ずつ有していたとすると、市場全体は五〇単位になる。このとき、自社が一〇単位確保していたならば、市場シェアは二〇%になる。この段階では、個々の顧客からの取り分まではは立ち入っておらず、伝統的なマーケティングの枠組みの範囲内である（図表1−10）。

しかし顧客シェアの考え方を導入することで、各顧客からの取り分まで論じられるようになる。同じ二〇%の市場シェアといっても、各顧客から二単位ずつ確保し、合計が一〇単位になっている場合もあれば、特定の顧客から一〇単位全てを確保して、他

図表 1-11　逆さまのピラミッド

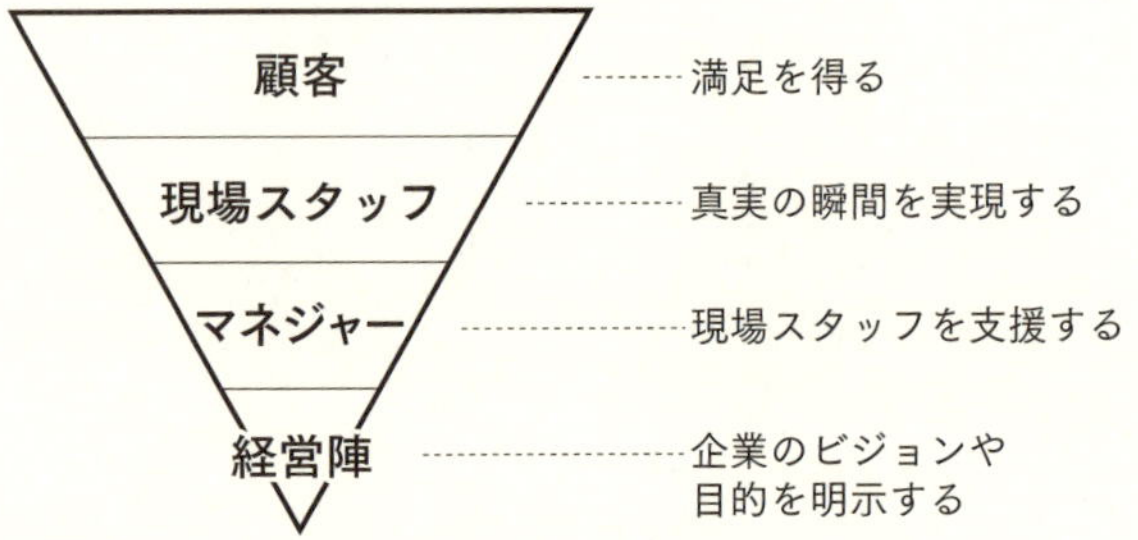

の顧客が〇単位でも合計が一〇単位になっている場合もある。一〇単位確保している顧客シェアは一〇〇%であり、残りの顧客シェアは〇%になる。

逆さまのピラミッド

高い顧客満足を実現するためには、組織のあり方にも目を向ける必要がある。かつて、顧客満足が組織設計において注目されることはなかった。命令系統を明確にし、リスクを引き下げ、資本効率を引き上げるために、伝統的な組織はピラミッド型に設計されていた。ピラミッドの頂点に経営陣を位置づけ、彼らが企業の戦略を決定していた。戦略の遂行を管理し指示するのが、中間のマネジャー層であり、現場スタッフはマネジャーの指示を忠実に実行すればよかった。

これに対して、伝統的な組織構造とは正反対ともいえる「逆さまのピラミッド」の考え方が提唱されている（図表1

―11)。それによると、三角形のピラミッドを逆さまにし、最も高い部分に顧客を位置づけ、その下に現場スタッフを置く。顧客と直に接し、顧客ニーズを最も理解している現場スタッフに、できる限りの権限を与えようというのである。現場スタッフの地位が高まり、顧客の問題解決に要する知識やスキルが蓄積され高度化すれば、顧客への対応は改善され、ひいては大きな顧客満足へと結びつく。現場スタッフの下に置かれたマネジャー層は、現場スタッフを管理するというよりも、支援するという役割を有するようになる。そして、ピラミッドの最下部に位置する経営陣は、企業のビジョンや目標を明示することで、組織メンバー全体を動機づけたり方向づけたりする。

逆さまのピラミッドが支持されている背景には、スカンジナビア航空を短期間で立て直したヤン・カールソンの「真実の瞬間」という考え方がある。顧客にスカンジナビア航空の感想を求めたとしても、彼らが航空機や本社ビルを思い浮かべることはまずない。多くの顧客は、自分たちが接したスカンジナビア航空の従業員について思い浮かべるはずである。だとすれば、同社の顧客満足にとって最も重要なのは、顧客に接する最前線の現場スタッフということになる。

同社を利用する年間一〇〇〇万人の旅客は、一回あたりの搭乗で平均すると五回ほど従業員と接する。一回あたりの応接時間は約一五秒なので、年間五〇〇〇万回にも及ぶ一五秒の積み重ねが生まれている。これこそが真実の瞬間なのだ。この真実の瞬間を向上させ、好ましいブランド経験を安定的に提供するためには、伝統的なピラミッド型の組織を逆さまにし、現場スタッフの権限と責任を高める必要があった。

顧客満足を高める組織上の工夫は他にもある。組織が大きくなると、どうしても顧客への対応が鈍くなりやすい。そこで、規模の経済性やコスト効率の一部を放棄して小さな事業単位に分割し、顧客対応やイノベーションを優先させる。冷凍装置や冷蔵装置で有名な前川製作所は、一九八四年から独立法人化を進め、各社一〇〇人程度の七四の子会社を設立し、独自に貸借対照表を作成させ究極の分権化を進めた。これにより、大企業に所属しているといった従業員の安心感を取り除き、自らの顧客との距離感を一気に縮めさせ、顧客満足の実現により自分が所属する組織に貢献しようというモチベーションと責任感を引き上げることに成功した。

もちろん、優れた組織を生み出すのは構造だけの問題ではない。自社にふさわしい人材を採用しておくことも忘れてはならない。金融機関の社員とホテルの社員では、明らかに異なるパーソナリティが必要だ。世の中には独自の社風で有名な企業が多数存在しているが、それはリクルーティングの段階で、同じようなマインドを有する人物を採用しているからである。サウスウエスト航空やデルタ航空では、人なつこさで有名な南部出身者を多く採用している。組織メンバーとなった後のトレーニングはもちろん重要であるが、高い顧客満足の実現は人材のリクルーティングから検討していく必要がある。これは、サービス・プロフィット・チェーンという枠組みで知られており、以下の流れを生み出すべきだという。

優れた人材雇用→従業員への教育や支援→従業員満足の向上→優れた顧客対応→高い顧客満足→高い企業成果、そして再び、優れた人材雇用へと循環する。この流れは特にサービス企業にあてはまるが、顧客対応は単なる接客だけではないので、様々な企業にあてはめて検討することができる。

インターナル・マーケティングとインタラクティブ・マーケティング

顧客満足を高めるためには、4Pを中心とする伝統的なマーケティングに加えて、別の側面におけるマーケティングも重視しなければならない。伝統的なマーケティングをエクスターナル・マーケティングとすれば、別の側面のマーケティングはインターナル・マーケティングとインタラクティブ・マーケティングと呼ぶことができる（図表1－12）。

①インターナル・マーケティング

製品やサービスを提供する企業は、高い顧客満足を得るために、顧客と接するあらゆる従

図表 1-12　3つのマーケティング

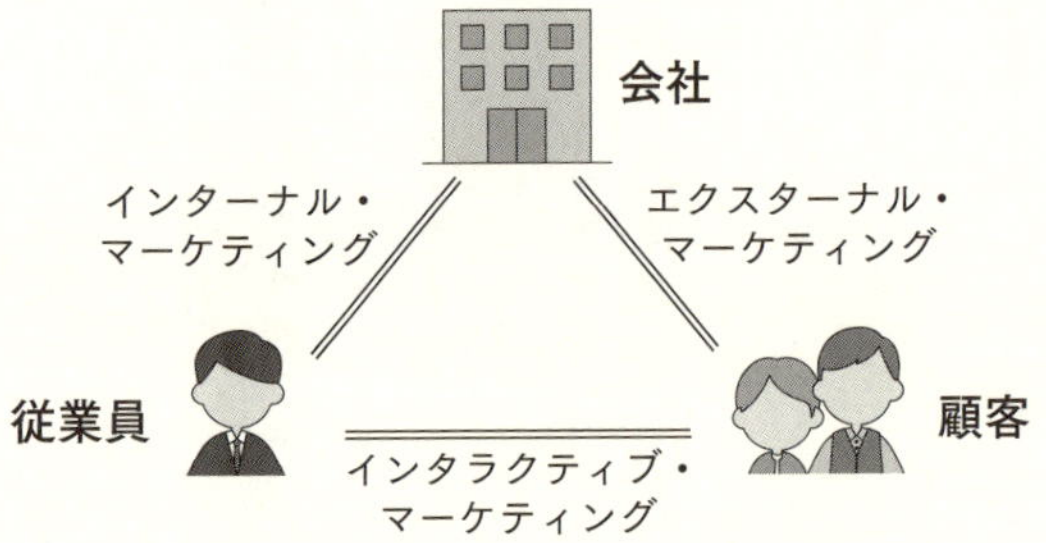

業員をトレーニングし、彼らを動機づけなければならない。もちろん個々の従業員は、顧客価値を提供するチームの一員であるという自覚を強く持たなければならない。

例えば、スカンジナビア航空では、ヤン・カールソンの指揮のもと、全従業員が特別のトレーニングを受けたといわれている。トレーニングの内容もさることながら、会社が彼らに莫大な時間と資金を投じたという事実によって従業員の士気は高まり、顧客価値を重視する会社へ変身していった。またディズニーでは、全ての来園者がゲストと呼ばれ、全ての従業員がキャストと呼ばれる。従業員は全員がディズニーにおけるショーを演じるキャストとして位置づけられているのである。そのため、アトラクションの出演者は「アトラクションキャスト」、通りの清掃係は「カストーディアルキャスト」、駐車場における自動車誘導の担当者は「パーキングロットキャスト」などと呼ばれる。インターナル・マーケティングは、企業とその従業員との間の問題であり、組織内部のマーケティングである。

②インタラクティブ・マーケティング

一部の製品やサービスにおいては、製品やサービスがどのように買い手に提供されるのかというプロセス、つまり売り手と買い手との相互作用が重視されることがある。そこで、従業員と顧客の間に位置するマーケティングとして、インタラクティブ・マーケティングが注目されるようになっている。特に、無形の財を提供するサービス企業では、インタラクティブ・マーケティングがビジネスの成否の鍵となりやすい。

スカンジナビア航空には、四〇人からなる市場調査部門があって、少数の経営陣の意思決定をデータ面で支えていた。ところが、現場重視の姿勢を現実のものとするために、顧客に接している従業員に現場の意思決定を委ねるようになり、市場調査部門は不要な存在となった。問題が生じるたびに経営陣の意向を確かめていては、貴重な顧客との接点で顧客満足を高めることなどできないからだ。

顧客と従業員の接点は、ディズニーでも重視されている。キャストはゲストに何かを尋ねられたとき、「それは私の仕事ではない」と答えてはならないと教え込まれる。また、厳しい身だしなみの規定があり、男性はひげを生やしてはならないし、長髪も禁じられている。女性の場合は、爪の長さや、マニキュアの色が制限されている。大きな髪飾り、濃いアイ・メイク、長く垂れ下がったイヤリングも禁じられている。キャストの一人ひとりに顧客価値を提供していることの自覚を抱かせ、同時に顧客満足を生み出すための権限が与えられているのである。

第2章

市場での競争とマーケティング

1　有効性は効率性よりも優先する

短期的にみて利益に結びついていることは大切である。だが、もっと大切なことがある。それは、戦略的な観点からみた長期のビジネスの適切な遂行である。市場環境は刻一刻と変化しており、有効に機能していた戦略でさえ、やがては陳腐化してしまう。そのため、企業は経営における効率性を維持しているにもかかわらず、有効性を失ってしまうことがある。

ピーター・ドラッカーは、「物事を適切に行うこと（効率性）よりも、まさに適切なことを行うこと（有効性）」の重要性を指摘している。前者は戦術的な発想に近く、後者は戦略的な発想に近い。もちろん実際のビジネスではどちらも軽視できないが、日々の業務に追われ、ビジネスの有効性の方が見落とされやすいことは確かだろう。

自社の存在意義を考える

何かを作ったり、何かを貸したり、そして何かのサービスを提供したりして、あらゆる組織は目的を達成するために存在している。マーケティング用語でいえば、「ミッション（使命）を有している」ということになる。

組織のスタート段階において、組織の目的は一般に明確であることが多い。組織規模は比較的小さく、設立者の思いが構成メンバーの一人ひとりに伝わりやすいからだ。こうした組織では、あえてミッションを明文化するまでもないだろう。

ところが、時とともに組織はしだいに大きくなり、新たな分野にまで活動領域は拡がっていく。組織を取り巻く環境も、スタート段階とは著しく変化しているかもしれない。すると、スタート段階において適切であった目的は、やがて組織の実態とズレを生じてしまうようになる。構成メンバー間の認識にも、深刻な温度差が表れ始めるかもしれない。こうした段階に至る前に、組織のリーダーたちはミッションについて真剣に考え、ミッションを文字としてまとめたミッション・ステートメントを作成しなければならない。

ピーター・ドラッカーは、ミッション・ステートメントの作成にあたり、次のような五つの問いを提案している。「自分たちの事業は何か」「顧客は誰か」「顧客にとっての価値は何か」「自分たちの事業はこれからどうなるのか」「自分たちの事業はどうあるべきか」。これらの問いは簡単に思えるかもしれないが、実は奥が深い。成功をおさめている企業は、こうした問いに真剣に取り組み、答えを導き出し、ミッションの中に反映させているのだ。適切なミッション・ステートメントを有することにより、地理的に離れた多くのメンバーが同じ意識を共有し、組織の目的達成のために力を合わせるようになる。

ミッションは組織によって異なるが、一般に、次のような条件を備えていることが望ましい。第一に、的を絞っていること。限られたステートメントの中に、あれもこれも盛り込むのではなく、むしろ絞り込んだ内容を明示しなければならない。第二に、大切にしたい理念や価値を明らかにしていること。ミッションは毎年変更されるべきものではなく、ある期間にわたって支持され得る内容でなければならない。また、理念や価値にはある程度の自由度があり、限られた範囲内での応用が許される。第三に、競争領域を明確化していること。ここでいう競争領域とは、産業領域、製品領域、技術領域、市場領域などである。そして最後に、夢を備えていること。当たり前のフレーズを羅列するのではなく、組織の構成メンバーに夢と希望を抱かせるような内容であるとよい。

洗剤やシャンプーなどのトイレタリー製品で有名な花王は、「私たちは、消費者・顧客の立場にたって、心をこめた〝よきモノづくり〟を行ない、世界の人々の喜びと満足のある豊かな生活文化を実現するとともに、社会のサステナビリティ（持続可能性）に貢献する」と述べ、またテレビやパソコンなどの映像音響機器で有名なソニーは、「ユーザーの皆様に感動をもたらし、人々の好奇心を刺激する会社であり続ける」と述べている。図表2－1には、代表的なミッションの例が示されている。

図表2-1　ミッションの例

ロッテ	私たちはみなさまから愛され、信頼される、よりよい製品やサービスを提供し、世界中の人々の豊かなくらしに貢献します。
ファーストリテイリング（ユニクロ）	本当に良い服、今までにない新しい価値を持つ服を創造し、世界中のあらゆる人々に、良い服を着る喜び、幸せ、満足を提供します。独自の企業活動を通じて人々の暮らしの充実に貢献し、社会との調和ある発展を目指します。
LINE	世界中の人と人、人と情報・サービスとの距離を縮めることです。
キリン	あたらしい飲料文化をお客様と共に創り、人と社会に、もっと元気と潤いをひろげていきます。
日本赤十字社	わたしたちは、苦しんでいる人を救いたいという思いを結集し、いかなる状況下でも、人間のいのちと健康、尊厳を守ります。
テスラ	To accelerate the world's transition to sustainable energy.（世界を持続可能なエネルギーへ）

SWOT分析で強みと弱みを整理する

日本の多くの大学は学生確保に必死である。既に指摘したように、一八歳人口が急速に減少し、高校を卒業して大学へ進学する率も頭打ちになっているからだ。

だが大学には朗報もある。人生百年時代を迎えリカレント教育と称する生涯学習が注目され、かつて大学を卒業した社会人が再び大学で学ぼうとする気運が高まっている。大学経営にとって、一八歳人口の減少は深刻な脅威であるが、リカレント教育は大きな機会（チャンス）となっている。

各大学はこうした脅威や機会を念頭に置き、入試制度や教育内容を見直し、キャンパス整備に取り組むなどして、独自性のある強みを生み出そうと躍起になっている。もちろん弱みを有している大学も少なくない。地方にある大学は立地面において不利だろうし、私立大学は国公立大学に比べて学費や補助金の面において大きなハンデを負っている。

ここでは大学を用いて説明してみたが、大学を企業に置き換えてみるとよい。企業は様々な「強み（Strength）」や「弱み（Weakness）」を有しており、「機会（Opportunity）」と「脅威（Threat）」に直面している。これらの環境要因は全体的に評価されるべきであり、マーケティングでは四つの単語の頭文字を取りＳＷＯＴ分析と呼んでいる。

強みと弱みは企業にとっての内部環境要因である。営業、財務、製造、組織など、企業内におけるどの部分に強みがあり、また弱みがあるかについて把握しなければならない。もっとも、全ての弱みを克服する必要があるわけではないし、強みがあるというだけで満足してよいわけでもない。一般には、足を引っ張るような弱みを克服しつつ、何が強みであるかを認識し、そこに一層の磨きをかけることが求められる。志願校への合格確率を高めるために、受験生が取り組む勉強法に似ているだろう。

一方、マクロ的なものとミクロ的なものとからなる外部環境要因は、企業にとっての機会や脅威になる。機会は魅力度と成功確率という二つの次元で判断することができる。大学の例で考えると、ビジネススクールなどの専門職大学院は多くの大学にとって魅力的であるが、成功確率という点ではそれほど高くはなさそうだ。脅威については、深刻度と発生確率という次元で判断される。小さな脅威は無視することもできるが、深刻度の高い脅威については対応策を練っておく必要がある。海外の有力大学による日本進出は深刻な問題ではあるが、今後十年間における発生確率は極めて低いだろう。

有効なマーケティング戦略を遂行するためには、まず自社や事業部の環境の正しい評価から着手しなければならない。その際、SWOT分析は現状や課題を整理する上で優れた枠組みとなっている。

アンゾフの成長ベクトル

一つのビジネスを堅実に継続させることで、長期にわたって存在している企業がある。日本酒業界を思い浮かべてほしい。この業界には、長い歴史を有した専業企業が多いようである。特定の業界にとどまってビジネスを展開していても、様々なマーケティング努力を行うことで発展が期待できる。だが特定の業界にとどまることに満足しない企業もある。日本酒以外の業界に進出して、自社の飛躍的な発展を望むという選択肢もあるからだ。イガー・アンゾフは、企業が対象とする市場（既存市場か新市場か）と提供する製品（既存製品か新製

図表2-2　アンゾフの成長ベクトル

	既存製品	新製品
既存市場	市場浸透	新製品開発
新市場	市場開拓	多角化

出典：Igor Ansoff (1957), "Strategies for Diversification," *Harvard Business Review,* 35(5), p.114.

品か）という二つの軸により、企業の成長ベクトルについて整理した（図表2－2）。

まず、既存製品を既存市場に提供し続けている企業について考えてみよう。この場合においても、「市場浸透」を実現すれば成長は期待できる。例えば、当該製品の利用シーンを広くし、もっと頻繁に利用してもらうような工夫が考えられる。かつてカップスープのクノールが、夕食時だけでなく朝食時やおやつ時にもカップスープを飲んでもらおうとするキャンペーンを実施したことがある。消臭剤や防虫剤で有名なエステーが販売している冷蔵庫の匂いを取る「脱臭炭」は、有効期間が経過すると容器内のゼリー状の炭が小さくなり固形化する。利用者に製品の適切な取り換え時期を知らせることにより、使用頻度を高めている。また、一回あたりの使用量引き上げも検討できるだろう。花王の衣料用漂白剤「ワイドハイター」では、つけ置き使用やポイント使用ではなく、洗濯槽の中に漂白剤を入れるという使用法を提案し、一回あたりの使用量の増加を狙っている。自社の製品ラインにおいて、低価格品から高価格品にシフトさせてもよい。もちろん、価格を下げるなどして、競争ブランドからスイッチさせることで自社ブランドの浸透をはかることもできる。

既存製品を新市場に向けて投入する「市場開拓」という成長もある。我が国における醤油《しょうゆ》市場は成熟化しており、洋食文化の浸透とともに消費量は長らく低下傾向にあった。そこで、醤油メーカーの最大手であるキッコーマンは、アメリカをはじめ欧米への進出により大きな成功を収めている。化粧品のような女性向け製品を男性にも利用してもらう、逆に、男性向け製品を女性にも利用してもらうなどの発想も、この市場開拓に含まれる。ベビー用として開発されたジョンソン・アンド・ジョンソンの「ベビーローション」は、肌に優しいという理由から、肌が弱かったり肌に気をつかったりする大人たちにも受け入れられている。

「新製品開発」では、既存市場に向けて新製品の導入で成長をめざす。テレビや雑誌をみていると、次々に新製品が紹介されている。これらの多くは、新しいサイズ、風味、デザインなどを伴った製品である。日本酒メーカーにしても、醤油メーカーにしても、「新」と称して次々と新しい製品を投入し、成長を狙っている。

最後は、「多角化」である。既存製品や既存市場とは切り離されたビジネスに乗り出したり、他社のビジネスを買収したりして、成長機会を見出すことができる。冒頭で紹介した日本酒メーカーなどいくつかの例を除くと、大半の企業は多角化を進めている。しかし、経験や知識の乏しい製品や市場への進出はリスクを伴い、大きな失敗に陥ることもあるので注意しなければならない。

ホワイトスペース戦略とビジネスモデル

飛躍的な成功を遂げた企業の一つにアップルがある。アップルは携帯音楽プレイヤー「iPod」を開発し、単なるパソコンのメーカーから脱皮した。成長ベクトルの枠組みで考えると、新製品で新市場を狙った多角化になるだろう。

しかし、ホワイトスペース戦略と呼ばれる枠組みによると、アップル飛躍の要因を新製品と新市場だけで捉えてはいけないことがわかる。アップルはiTunesストアを開設し、ハードウェア、ソフトウェア、デジタル音楽をセットにして提供し、顧客の囲い込みに成功したからだ。好みの楽曲を手軽に、しかも比較的安価に入手できれば、人々は幾分高価であっても携帯プレイヤーを喜んで購入する。単なる新製品の導入ではなく、アップルはビジネスモデルの革新によって成功を収めたのである。

マーク・ジョンソンによると、「ホワイトスペース」とはビジネスモデルの革新によって生み出される事業領域のことである。ある企業が従来から取り組んできている事業領域は「コアスペース」で、顧客や製品が自社にとって新規であっても既存のビジネスモデルで対応で

図表 2-3　ホワイトスペースの枠組み

	既存の顧客・製品	新しい顧客・製品
新しいモデル	アナザースペース	ホワイトスペース
既存のモデル	コアスペース	隣接スペース

出典：Mark W. Johnson (2010), *Seizing the White Space,* Harvard Business Press（池村千秋訳（2011）『ホワイトスペース戦略』阪急コミュニケーションズ、29ページを一部改訂）.

きる事業領域は「隣接スペース」となる。書籍のネット販売でスタートしたアマゾンで考えてみよう。アマゾンにとって書籍販売はコアスペースであり、ネット販売の利用という同じビジネスモデルによる食品や日用雑貨の販売は隣接スペースとなる。

なお、既存の顧客や製品であっても、ビジネスモデルだけの革新が実施されることもある。パナソニック電工は「明かり安心サービス」により、事業所の照明をマネジメントするというビジネスに乗り出した。事業所への電球や蛍光灯の販売は既存の顧客や製品であるが、照明に関する年間契約など一定期間の保守やメンテナンス契約に電球や蛍光灯を組み込み、その対価を得るというビジネスモデルは革新的である。この種のビジネスは、「アナザースペース」と呼ぶことにしよう（図表2－3）。

ホワイトスペースによるビジネスを成功させるためには、建築家やエンジニアと同様に、ビジネスモデルという設計図を描く必要がある。ビジネスモデルの革新を実現するためには、ビジネスモデルの構成要素に注目し再構築しなければならない。

ホワイトスペース戦略では、ビジネスモデルを4つの箱、つまり「顧客価値提案」「利益方程式」「主要経営資源」「主要業務プロセス」に分けて整理している。顧客価値提案とは顧客に向けられる具体的な製品やサービスにあたる。利益方程式とは製品やサービスの回転率や利益率などの組み合わせになる。百貨店とディスカウント店における回転率と利益率の違いを思い浮かべるとわかりやすいだろう。主要経営資源とはビジネスで必要とされる諸要素である。経営コンサルティングのように専門性の高いサービスを提供するためには有能な人材が重要な経営資源となる。主要業務プロセスとは繰り返し行われる活動である。メーカーであれば製造や新製品開発などが対象となる。

BCGのポートフォリオ分析で資源配分を考える

もっと投資すべき事業はどれなのか。あるいは、投資をできるだけ控え、利益の最大化を狙うべき事業はどれなのか。株式投資家が自己の投資を適切に配分するように、マーケティング戦略では、様々な事業への最適な資源配分を検討しなければならない。事業の数が比較的少ない組織にとって、力を注ぐべき領域の決定はそれほど困難ではない。ところが、多角

図表 2-4　BCG のポートフォリオ

（市場成長率）	高	低
高	スター	問題児
低	金のなる木	負け犬

（市場成長率）　高　5%　低

高　1.0　低
（相対市場シェア）

出典：Barry D. Hedley (1977), "Strategy and the 'Business Portfolio'," *Long Range Planning*, 10 (1), p.10を一部改訂.

化などを繰り返し、事業の数が数十、さらには数百にも及ぶと、何らかの基準なくして適切な判断をすることはできない。競争上の理由や拡大発展のために多額の投資を必要とする事業もあれば、必要以上の投資がなされている事業もあるかもしれない。

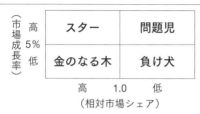

　以上のような課題に対応すべく開発されたのが、ポートフォリオ分析という枠組みである。代表的なポートフォリオ分析として知られているのがBCG（ボストン・コンサルティング・グループ）のマトリックスであり、「市場成長率（縦軸）」の高低と「相対市場シェア（横軸）」の高低による四つのセルで判断される（図表2－4）。市場成長率の高低を規定する絶対的な基準はないが、図表では五％が境界となっている。

　相対市場シェアは、当該市場における市場シェア上位三社の平均値との比較によって求めることができる。もし自社の市場シェアが一〇％であり、上位三社の市場シェアの平均値が二〇％であれば〇・五という値になる。一般に、相対市場シェアにおける高低は一・〇を境界として、対数目盛を用いることが多い。

市場成長率も高く相対市場シェアも高いセルに位置する事業は「スター」と呼ばれる。市場成長率の高さは好ましい業界に位置していることを示し、相対市場シェアの高さは当該業界内において優位な立場にあることを物語っている。スターのキャッシュフローは、流入も多いが追加投資の必要性から流出も多いと考えられる。

市場成長率は低いが相対市場シェアが高い事業は「金のなる木」と呼ばれる。成長率が低いため市場は安定的になっており、多くの追加投資は必要としない。だが、相対市場シェアが高いためキャッシュフローの流入が多く、企業にとっては大きな収益源となりやすい。サントリーにとってのウイスキー事業やロッテにとってのガム事業などは、典型的な金のなる木と呼べるだろう。

市場成長率も相対市場シェアも低い事業は「負け犬」と呼ばれる。市場の将来性が乏しく、自社の立場も苦しい。もちろん、大きな利益を望むことはできない。

市場成長率は高いが相対市場シェアが低い事業は「問題児」と呼ばれる。業界そのものは有望だが、自社の立場は楽ではない。企業が新しい事業に乗り出す場合、期待感のある成長市場を狙うだろう。だが、そうした有望市場には、先発の有力企業が存在しているため、この問題児から出発することになる。問題児からスターへのシフトが見込める事業へは力を注ぐが、将来性の乏しい問題児は事業の打ち切りや売却を検討すべきである。

各セルの事業で採用される戦略案は四つに大別できる。つまり、短期的な利益を犠牲にしても追加投資を優先し、当該事業の成長や補強を狙う「成長戦略」、望ましい現状を持続しようとする「維持戦略」、投資をできる限り控えて短期的利益を最大化する「収穫戦略」、事業の打ち切りや売却を行う「撤退戦略」である。成長戦略は有望そうな問題児事業やスター事業で採用される。また、維持戦略は金のなる木事業で採用され、収穫戦略と撤退戦略は負け犬事業と一部の問題児事業で実施される。

ポートフォリオの枠組みは、事業を経営陣の直感ではなく分析的に評価できるという点において優れているが、いくつかの問題も指摘されている。分析結果は事業のポジションによって決定されるため、マトリックス内で望ましいポジションを占めるように軸の境界を操作してしまう可能性がある。また、事業間の相乗効果が把握されないため、事業を個別に判断してしまうというリスクもある。単体でみると負け犬事業であっても、スター事業や金のなる木事業にとっての重要な基盤となっていたりする。負け犬事業であるというだけで、安易に収穫戦略や撤退戦略に乗り出すことは危険なのである。

戦略を実行する

いかに優れた戦略計画を練り上げたとしても、それを実行にまで落とし込めなければ意味がない。まさに、絵に描いた餅で終わってしまう。例えば、顧客との接点、つまりコンタクトポイントを見直し、顧客満足の向上を狙うようなマーケティング戦略が立案されたとしても、現場のスタッフへ権限を委譲するような組織構造が伴っていなければ、その戦略はうまく機能しないだろう。

コンサルティング会社のマッキンゼーは「7Sのフレームワーク」を提唱し、優れたビジネスを展開する上で、戦略は七つの要素のうちの一つに過ぎないことを示している（図表2－5）。七つの要素を適切に調和させることにより、初めて大きな成果へと結びつく。7Sはまず、ハード的な要素とソフト的な要素に分けられる。

ハード的な要素には、戦略の他に構造とシステムが含まれている。構造とは従業員が働く組織の在り方である。今日では、いくつかの階層からなる伝統的なピラミッド型組織だけではなく、階層を極力少なくしたフラット型組織、ピラミッド型組織を逆転させた逆さまのピラミッド型組織などが検討されている。システムとは業績評価や資源配分などに関する様々なシステムである。組織間やパートナー間における情報システムなども含まれる。デルやウォルマートは顧客や供給業者と情報ネットワークで結ばれているが、こうした企業では情報

図表2-5　マッキンゼーの7Sのフレームワーク

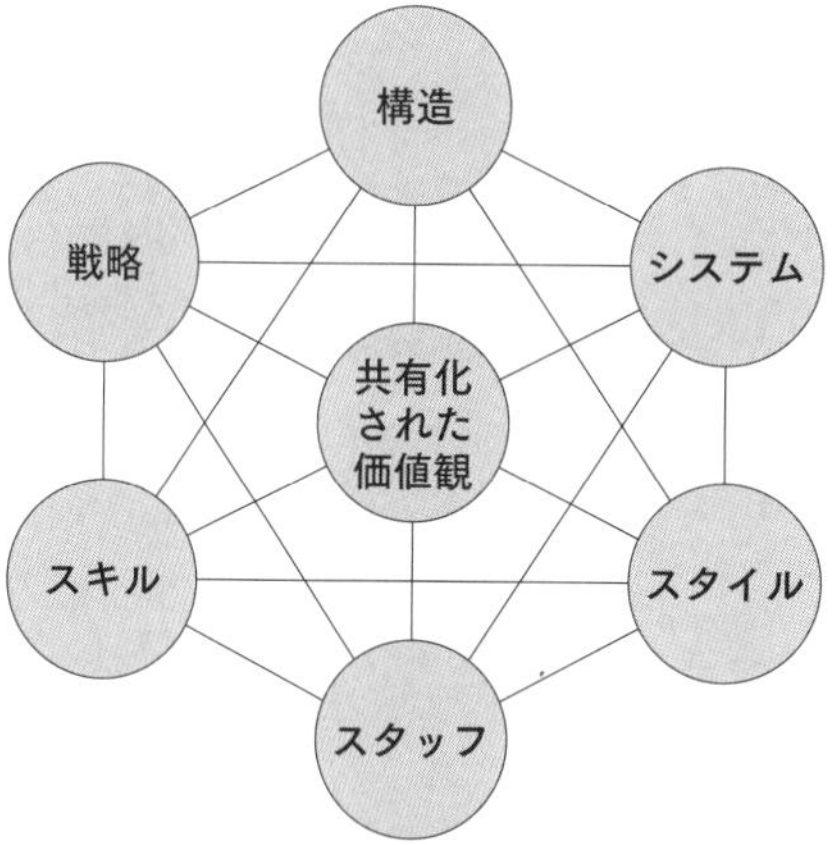

出典：Thomas J.Peters and Robert H.Waterman Jr.(1982), *In search of Excellence. Lessons from America's Best-Run Companies*, Harper & Row（大前研一訳(1983)『エクセレント・カンパニー：超優良企業の条件』講談社．41ページ）．

システムが競争優位の源泉となっている。現場への権限委譲を進めるエンパワーメントも、システムの中で論じる課題といえるだろう。

一方、ソフト的な要素には、スタイル、スキル、スタッフ、共有化された価値観が含まれる。スタイルとは組織内に根付いている組織文化や行動様式である。経営陣と一般社員との距離の近さ、技術主導か営業主導かなどは、スタイルの一つの側面としてみることができる。スキルとは組織が有している戦略遂行上の能力である。写真フィルム製造から成長した富士フイルムであれば画像処理能力、ジェットエンジンやターボチャージャーを生産しているＩＨＩであれば回転機器での対応能力などがこれに当たるだろう。

スタッフとは企業で働く人材の資質や能力である。ゴールドマン・サックスにはビジネススクール出身で野心あふれる人材がそろっており、リクルートには独立して起業を目指すチャレンジ精神あふれる人材が多いといわれている。最後の共有化された価値観とは組織で働く全ての人々を結びつけ、動機づけるようなビジョンや経営理念である。サントリーには「やってみなはれ」という共有化された価値観があり、ファスナービジネスにおける世界的企業であるＹＫＫには「善の巡環」という共有化された価値観がある。こうした価値観の存在によって、地理的に離れた場所で働く何千何万というメンバーが同じ方向に向かって進むことができるのである。

2　競争の土俵について考える

「私が敵を攻略した戦術は、全ての人が理解できる。だが、勝利を導き出した戦略は誰にも分からない」。これは中国の兵法家として知られる孫子の言葉である。戦術を理解することは比較的容易であるが、戦略を理解することは極めて難しい。このことは、戦いの場であっても、ビジネスの場であっても変わらないはずだ。

ハーバード大学のマイケル・ポーターは、オペレーションの効率性と戦略が異なることを主張している。多くの企業はオペレーションの効率性を高めることが戦略であると考えているが、それは誤りだというのである。オペレーションの効率は比較的容易に模倣でき、競合他社がすぐに追随してくる。そこで、競合他社と同じことをよりよく行うのではなく、違うことを行わなければならない。同じ土俵で優劣を競い合うという発想よりも、違う土俵を設定するという発想が必要なのだ。

事務用ファイルと電子文具を核とした情報整理用品メーカーであるキングジムは、「独創的な製品の開発で、新しい文化を創造する」という信念のもと、世の中にない製品を生み出してきた。同社の代表的製品である「キングファイル」は、我が国のオフィスにファイリングという文化を創り出し、そうしたファイルのタイトル表示を作るという発想から、一九八八年にはラベルライター「テプラ」を開発した。その後も、キーボードによる文字入力に特化したデジタルメモ「ポメラ」では、手軽にメモを取れるというコンセプトが支持された。スマートフォンと連動した新時代ノート「ショットノート」では、手書きメモを簡単にデジタル化できる点が評価された。キングジムは常に新しい土俵を生み出し、人々に新しい文化を提案し続けている。

マーケティングにおける四つの競争次元

マーケティングでは、競争という言葉がしばしば用いられる。多くの市場が順調に成長している時代には、自社が成長するとともに競合他社も成長できるため、それほど競争に意識を向ける必要はなかった。いわゆる、ウィン・ウィンの状態が期待できたためだ。

ところが、市場が成熟化し、市場の成長が期待できなくなると、話は変わってくる。奪い合うパイが一定であれば、競合他社の取り分を奪うことなしに自社の成長は実現しない。こうした市場では、一方が勝者となれば必ず敗者が生まれるウィン・ロスの状態に陥る。成熟市場に身を置く企業が、競争を重視し、競合他社の動きに神経をとがらせていたとしても不思議ではない。

競争の話は、これで終わるほど単純ではない。マーケティングで考える競争とは、コカ・コーラとペプシコーラのような「ブランド競争」だけにとどまらないからだ。我々は、ブランド競争に加えて、「産業競争」「形態競争」「一般競争」という少なくとも四つの次元で競争を検討しなければならない（図表2－6）。

ブランド競争とは、類似した製品やサービスの提供によって同じ顧客を巡り展開される競争である。競争という言葉を聞いたとき、多くの人々はこのブランド競争を真っ先に思い浮かべるだろう。自動車ではトヨタとホンダ、ビールではキリンとアサヒ、エアラインでは

図表2-6　マーケティングにおける4つの競争次元

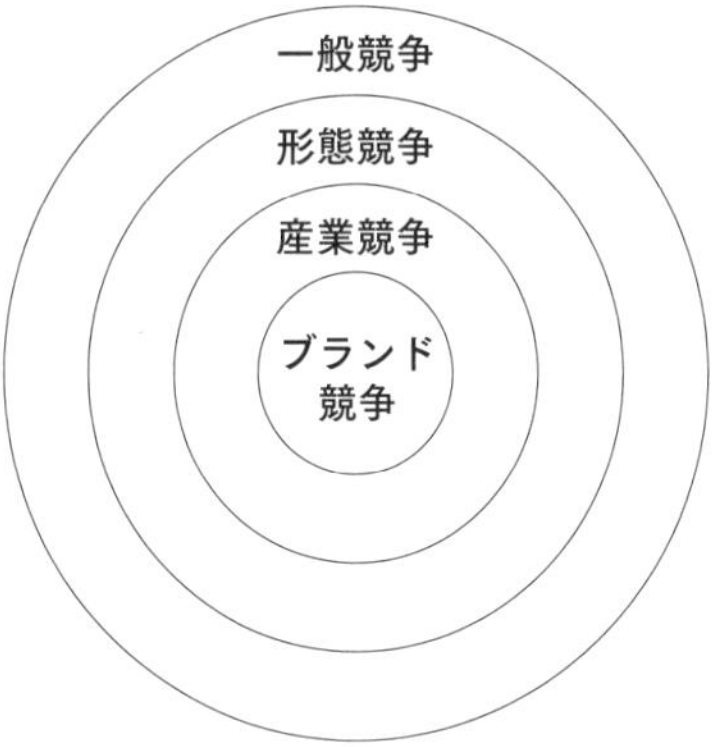

ANAとJALなども、ブランド競争を展開しているといえる。

視野をもう少し広げると、同じ製品カテゴリーという点で、トヨタとホンダはスズキやメルセデスなどとも競争していることに気づく。これが産業競争である。スズキやメルセデスは自動車という同じ製品を供給しているが、トヨタやホンダと主なターゲットも異なれば価格帯も異なっている。しかし自動車産業においては、間違いなく競争関係にある。高級車に乗っていた人が軽自動車に乗り換えたり、逆の行動をとったりする人もいるだろう。市場環境の変化などによって、これまで競争相手と考えていなかった企業に顧客を奪われることは少なくない。

喉が渇いたとき、ペットボトルの水ではなく緑茶飲料を飲む人が少なくない。ペットボトルの緑茶飲料の売上げを競い、「生茶」と「綾鷹」はブランド競争を展開しているが、同時に街の葉茶屋の売上げを奪っている。多くの消費者が葉茶を購入し自分で緑茶を入れる代わりに、ペットボトルの緑茶を購入するからである。とすれば、産業という点では異なるが、ペットボトルの緑茶飲料メーカーと葉茶屋は競争関係にあると考えることができる。我々は、同じベネフィットを巡るこの種の競争を形態競争と捉えている。

競争を最も広く考えると、顧客の財布の中身を巡る一般競争が考えられる。ボーナスをもらったとき、家族旅行に行こうか大型家電製品を購入しようか迷ったりする。これは、限られた資金をどこに振り向けるかという問題であり、特定のベネフィット内や特定の産業内で展開される競争とは明らかに異なっている。横浜DeNAベイスターズの元社長である池田純氏は、「野球観戦には家族や仕事仲間でやってくるので、横浜スタジアムにとって東京ディズニーランドや居酒屋が競争相手になる」と述べている。企業の場合であっても、限られた予算を研究開発や生産設備、広告、販売促進などに振り向けなくてはならない。そのため、特定企業の予算をめぐって、全く異なる企業間で一般競争が展開されることになる。

ここで説明した四つの競争次元という考え方は、マーケティング・マイオピアの主張と一貫している。マーケティング・マイオピアとは、ハーバード大学のセオドア・レビットによって提唱されたものであり、マイオピア、つまり近視眼に陥ってはいけないという戒めの主張である。

マーケティング・マイオピアが発表された一九六〇年頃、アメリカでは鉄道産業と映画産業が苦況に陥っていた。当時、急成長しつつあった自動車産業とテレビ産業に、それぞれ顧客を奪われていたからである。

レビットによると、鉄道産業の人々は自らを鉄道の運営に従事していると考え、映画産業の人々は映画の制作と配給に従事していると考えていたことに問題があったというのである。どちらも近視眼的な見方であり、顧客ニーズという視点を忘れていた。鉄道産業は輸送ビジネスに、映画産業は娯楽ビジネスにそれぞれ従事していると考えるべきであったというのだ。ブランド競争や産業競争という視点ではなく、形態競争という視点である。そうした視点でビジネスを捉えていたならば、自動車産業やテレビ産業などの新興ビジネスが台頭してきた段階で、自ら新興ビジネスに乗り出したり、新興ビジネスの周辺領域で新たな市場機会を開発したりするなどの手が打てたはずだというのである。

マーケティング・マイオピアの主張は、製品やサービスそのものではなく、その背後にある顧客ニーズにマーケティング発想の重点を置くべきであると教えてくれる。現在の提供製品や目先の競合ブランドにのみ注意を払っていると、思わぬ敵に不意をつかれることを、マーケターは常に意識していなければならない。

市場セグメントの魅力（五つの競争要因）

成長市場に身を置く企業と成熟市場に身を置く企業とでは、展開すべきマーケティングに大きな違いがある。成熟市場でビジネスに取り組んでいる企業では、四つのPを中心とした伝統的マーケティング戦略に加えて、競争をより強く意識した戦略的マーケティングが求められるようになっている。

戦略的マーケティングで検討される枠組みの一つに「五つの競争要因」がある。これはマイケル・ポーターが提唱したもので、自社が対象とする市場セグメントの魅力を五つの視点から判断しようというモデルである（図表２－７）。

最初に検討すべき要因は、「競合他社」である。ライバルが多く、激しい競争が展開されている市場セグメントは、一般に魅力的であるとはいえない。ライバルが強力で攻撃的な場合にはなおさらで、激しい価格競争や広告競争が展開されることになる。長年にわたり競争というと、同業者間の敵対関係のみが取り上げられてきたが、競争要因はこれだけにとどまらない。

次に、「新規参入者」について検討しなければならない。新規参入者の行動は、当該セグメントの参入障壁の高さによって左右される。参入障壁が低ければ、機会を察知した企業が参入しやすいため、市場セグメントの魅力は高まらない。逆に、規制が存在していたり投資資

図表 2-7　業界の魅力を決める 5 つの競争要因

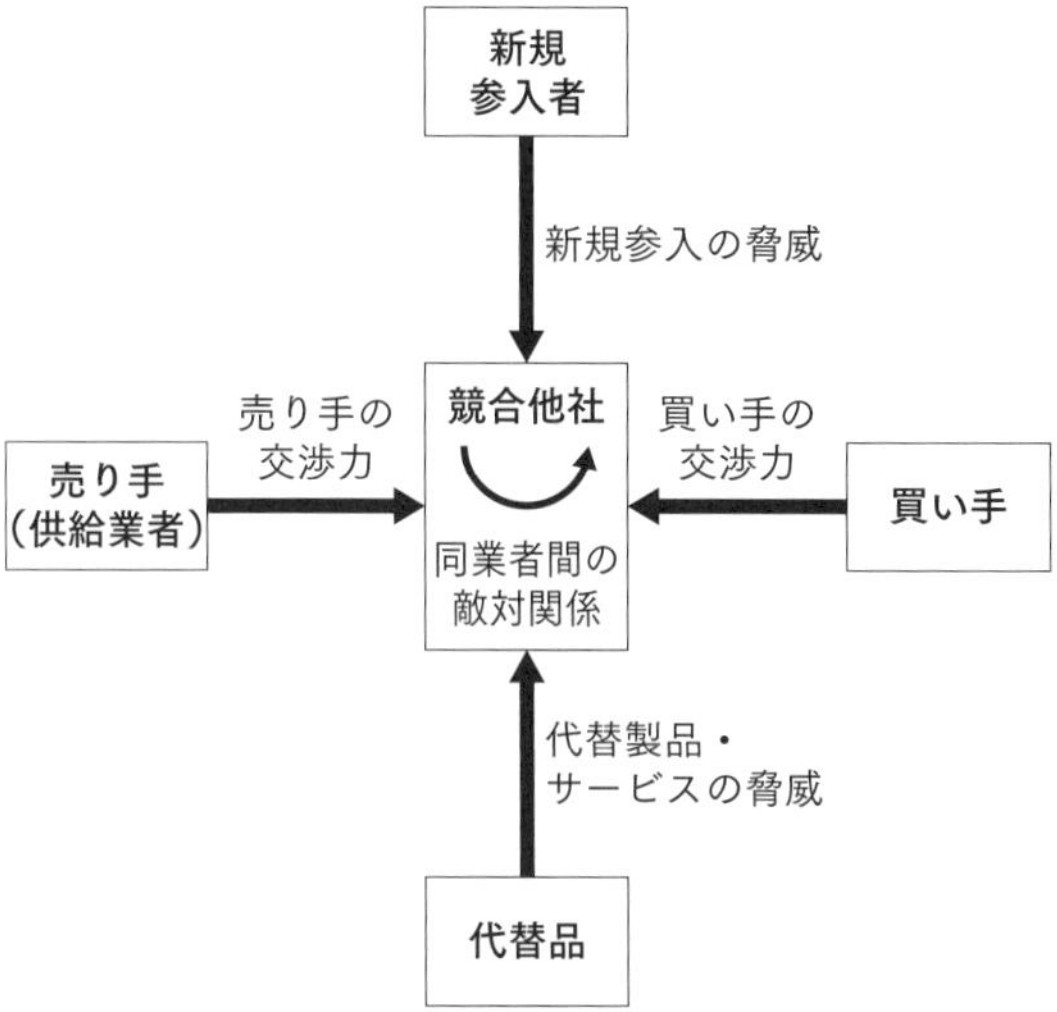

出典：Michael E.Porter (1985), *Competitive Advantage*, Free Press（土岐坤・中辻萬治・小野寺武夫訳（1985）『競争優位の戦略』ダイヤモンド社, 8ページの一部を改訂）.

本額が大きかったりすると、新規参入は困難になり、市場セグメントの魅力は高くなる。なお、退出障壁に関しては、大きな損害を被る前に撤退しやすいという点で、低い方が当該市場セグメントの魅力は高くなる。

三つ目の要因は「代替品」である。代替品が存在する場合には、市場セグメントの魅力は低下する。炭酸飲料という点で、コーラ飲料はセブンアップと代替関係にある。また、携帯電話には時計機能がついているので、腕時計の代替品と考えることができる。フロッピーディスクからUSB、白熱電球からLEDのように、真に有力な代替製品は、市場そのものを塗り替えてしまう。「買い手」という要因も忘れてはならない。買い手が強い交渉力を有している場合には、セグメントの魅力は低下する。強い買い手は、価格の引き下げを要求したり、品質やサービスの向上を求めたりしてくる。自社製品に差別的な特徴がないと、買い手との交渉はどうしても不利になりやすい。

五つ目の要因は「売り手」である。供給先の選択肢が乏しいなど、簡単に供給業者をスイッチできない理由があると、売り手との交渉は不利になる。パソコンの心臓部であるCPUは、インテルやAMDなどの限られた企業が供給している。このような場合、パソコンの生産というビジネスの魅力は低下することになるだろう。

市場シェア、マインドシェア、ハートシェア

「記録よりも記憶に残っている」。スポーツやゲームの世界では、何人かのプレイヤーに対してこの種の表現が用いられる。個人やチームの成績は数値的に評価できるが、数値だけでは説明しきれない評価部分もある。ここ一番というときのビッグプレーは、鮮烈な光景として人々の記憶に刻み込まれる。ところが、記憶に最も鮮明に残っているプレイヤーが、記録においても一番であるとは限らないのである。

これと同じようなことは、ビジネスの世界にも存在している。最も多くの人々によって思い浮かべられるブランドが、最も大きな売上げを達成しているとは限らない。売上げは市場シェアによって比較できるが、「思い浮かべる」とはどのように比較すればよいのだろうか。そこで、競争関係にあるブランドを比較する場合において用いられる、「市場シェア」「マインドシェア」「ハートシェア」という三つの変数について説明してみよう。

市場シェアとは、ある市場において当該ブランドの販売額が占める割合である。企業のマーケティング目標とされることが多く、たいていの企業は市場シェアを一ポイントでも高めたいと願っている。というのも、「市場シェアが一〇ポイント高くなると、税引き前のROI（投資収益率）は約五ポイント上昇する」ことが、アメリカのPIMSプロジェクトによって明らかにされているからだ。市場によって異なるが、市場シェアの一ポイントは数億円から数百億円にも及んでおり、金額の大きさでみても軽視できない。市場シェアの拡大は利益に結びつきやすいので、多くの企業では、それぞれのビジネスにおいて市場シェア上位になることを目指している。

だが、市場シェアの拡大に問題がないわけではない。あまりにも市場シェアを拡大したために、ブランドにとって望ましくない顧客を多数取り込んでしまうこともあるからだ。本来のターゲットとは異なる若年層の購入により、イメージを低下させてしまったブランドは少なくない。また、戦うべき土俵ともいえる市場を狭く定義すれば自社ブランドの市場シェアは大きくなるが、あまりにも市場を狭く捉えることで、利益機会や成長のチャンスを見逃すことにもなりかねない。GEの元会長であるジャック・ウェルチは、「市場シェアが一〇%となるように、市場を再定義せよ」と社員に向かって述べている。コカ・コーラは炭酸飲料市場において大きなシェアを有するが、清涼飲料市場全体でみるとわずかなシェアしかない。より大きな市場の中でビジネスを捉えることの重要性を、ウェルチは強調したかったのである。

これに対してマインドシェアとは、ある製品が購入されるとき、顧客によって当該ブランドが想起される割合を意味している。マインドシェアが高ければ有利な競争を展開できるが、必ずしも売上げの増加に結びつくわけではない。最終的な売上げは、流通力や営業力なども加わって決定されるからだ。本項の冒頭で述べたストーリーで説明するならば、マインドシェアの高いブランドとは「記憶に残っているブランド」となるだろう。もちろん、市場シェアがトップでなくても、マインドシェアではトップになることもある。マインドシェアは、回答者に手掛かりを与えないで思い出す第一再生知名率をもって測定されることが多い。

ハートシェアとは、ある製品が購入されるとき、顧客によって買いたいブランドとして挙げられる割合を意味している。このハートシェアが高ければ、顧客ニーズの中心近くにポジショニングされているということであり、マインドシェアが高いときよりも購入に結びつきやすい。マインドシェアとハートシェアは市場シェアの先行指標となっているので、この二つのシェアが高ければ市場シェアの上昇をもたらしやすい。

競争戦略の考え方（リーダー、チャレンジャー、フォロワー、ニッチャー）

市場において自らがどのような競争地位にあるかによって、マーケティング戦略のあり方は大きく変化する。業界を代表するようなトップ企業と多くの下位企業とでは、目指すべき目標も違えば、とるべき戦略も異なるはずである。フィリップ・コトラーは、市場における競争上の地位によって企業をリーダー、チャレンジャー、フォロワー、ニッチャーの四つに分け、それぞれの企業がとるべき戦略を整理している（図表2－8）。

リーダー企業とは、当該市場において最大シェアを有する企業である。自動車であればトヨタ、内視鏡医療機器であればオリンパス、物流システム・マテハン機器であればダイフク、ウイスキーであればサントリー、醤油であればキッコーマンを思い浮かべてほしい。いずれも各市場において最大市場シェアを誇り、流通やプロモーションなどにおいて他社をリードしている。

リーダー企業の戦いは横綱相撲に例えられる。しかし、リーダー企業といえども、常に安

図表2-8　4つの競争戦略

	特徴	主なマーケティング行動	とるべき戦略方針
リーダー	最大市場シェア	他社をリードする	市場全体の規模拡大
チャレンジャー	市場シェア第2位または第3位	積極果敢にリーダーに挑む	相手の弱点への攻撃
フォロワー	わずかな市場シェア	リーダーに追随する	模倣によるコスト節約
ニッチャー	サブ市場のリーダー	大手企業との競争を回避する	ニーズへの最大適応

泰であるとはいえない。革新的な製品が出現したり、競合他社を過小評価し続けたりしていて、リーダーの地位が脅かされてしまうこともある。実際、パソコン業界や小売業界などでは、リーダー企業が数回にわたり入れ替わっている。

リーダー企業がとるべき戦略は、市場全体の規模拡大を押し進めることである。市場の拡大分は現在のシェア構成に応じて分配される可能性が高いので、リーダーの取り分が最も多くなりやすい。ウイスキー市場が拡大すればサントリーが最も得をする。

市場の拡大は、使用量を拡大したり、新しい用途を考案したり、新しいユーザーを発見したりすることによって実現される。ウイスキーを炭酸水で割って飲むというハイボールの提案は、縮小していたウイスキー市場に活気を取り戻した。フランスのタイヤメーカーであるミシュランがレストランのガイドブックを出したのは、同社がリーダー企業であり、おいしいレストランを目当てに多くのフランス人が遠方にまでドライブに出かければ、タイヤ市場が拡大すると考えたからである。

チャレンジャー企業とは、当該市場において第二位または第三位のシェアを有し、シェアの拡大を狙って積極果敢にリーダーへ挑む企業である。自動車であれば日産、醤油であればヤマサなどである。

『孫子の兵法』でも論じられているように、大きな兵力を有する方が戦いでは有利になる。従って、兵力（資源）に劣るチャレンジャー企業にとって、リーダー企業への正面からの攻撃はあまり得策とはいえない。仮に敵の兵力が劣っていても塀や塹壕（ざんごう）などで守りを固めていると、自軍が勝つためには相手の三倍の兵力が必要とされる。そこで、競合相手の弱点を探し出し、そこを攻撃対象とすることが多い。具体的には、うまく対応されていない地域への攻撃、放置されている市場ニーズへの対応などが考えられる。また、ハイテク業界などでは、技術的な飛躍によって自社に有利な戦場を設定する迂回戦略も行われる。

フォロワー企業とは、当該市場においてわずかなシェアしか有しておらず、リーダーなどの上位企業に挑戦するのではなく、追随しようとする企業のことである。追随している限り、上位企業に取って代わることはないが、開発費などの投資を極力削減できるので、存続するだけの利益は得られる。各業界において、大半の企業はフォロワー的な存在といえるだろう。

ニッチャー企業とは、特定市場において強みを有している企業である。ニッチャー企業は大手企業との競争をできる限り回避しようと努力するとともに、特定市場のニーズを熟知し、ニーズに適した製品を提供する。そのため、製品は高価格でも受け入れられるので、大きなマージンを手にすることが多い。船舶用プロペラを生産するナカシマプロペラ、一点物のバネを完全受注生産する東海バネ工業などは、典型的なニッチ企業と考えてよいだろう。

特定のニッチ市場で成功を収めた企業がさらなる発展を目指す場合もある。その際、避けなければならないのは、対象市場を拡大し焦点をぼかしてしまうことである。ニッチャー企業がマス市場を狙おうとすると、たいていは競争力を失ってしまう。そこで、賢明なニッチャー企業であれば、現在対象としているニッチ市場に新たな製品やサービスを提供したり、別のニッチを開拓したりするなどして、さらなる成長への道を選ぶだろう。

価値連鎖とマーケティング

マーケティングの解釈として、「売れる仕組み作り」であると説明するものもいれば、「顧客ニーズの充足」であると説明するものもいる。いずれも明確で味わい深いが、今日のマーケティングの本質を語っているかというと、必ずしも十分であるとはいえない。

多くの製品がコモディティ化し、顧客にとっての選択肢が氾濫してくると、ニーズに適した製品を生産し販売する仕組み作りだけでは競争優位を実現できない。いくら提供内容がニーズに合致していても、それがライバルと類似していたら、顧客からの強い支持は得られない。そこで我々はもう一歩進めて、マーケティングの本質を見つめ直す必要がある。

その際、価値連鎖の考え方がヒントになる。新規顧客の獲得だけではなく、顧客の維持や顧客の育成が大きな課題となっている今日、マーケティングの役割の中心はより大きな顧客価値と顧客満足の創出にある。マイケル・ポーターによって提唱された価値連鎖の考え方は、顧客にとっての価値と満足を創出し提供する仕組みを説明してくれる。

価値連鎖は、五つの主活動と四つの支援活動で構成されている。五つの主活動とは、原材料を組織内部にもたらす「内向きのロジスティクス」、原材料を最終製品に転換する「オペレーション」、最終製品を組織外部に出荷する「外向きのロジスティクス」、需要を生み出す「マーケティングと販売」、そして製品に付与される「サービス」である。四つの支援活動とは、「資材調達」「技術開発」「人的資源の管理」、そして財務や法務や企画などの「企業のインフラストラクチャー」である（図表2－9）。

ここで注意しておきたいのは、ポーターの考えが今から三〇年以上も前に提唱されている点である。マーケティングは販売と並べて狭く捉えられていたが、今日ではマーケティングの守備範囲が拡大している。とすれば、内向きのロジスティクスからサービスまで、顧客価

図表 2-9　価値連鎖の基本形

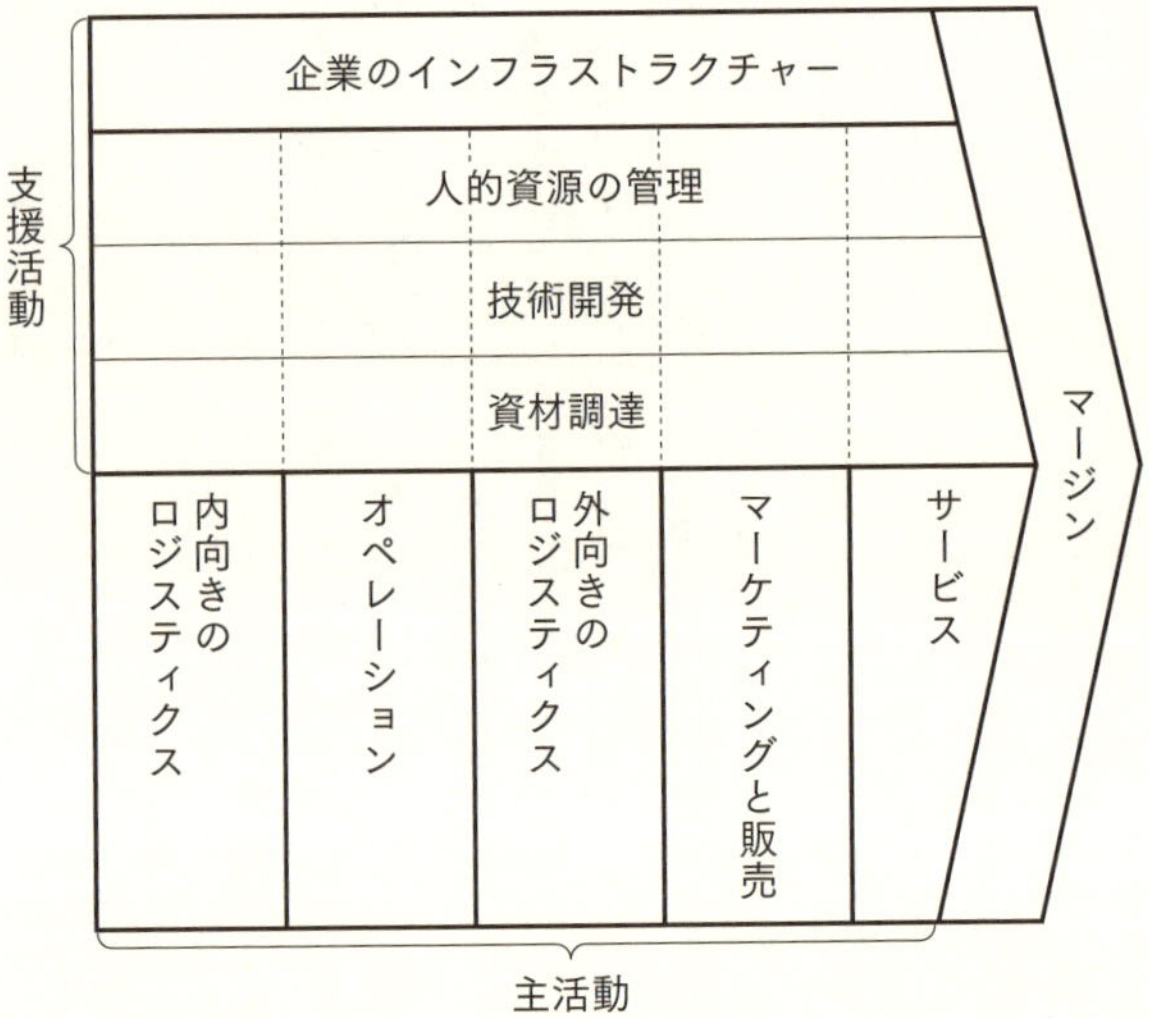

出典：Michael E.Porter(1985), *Competitive Advantage*, Free Press（土岐坤・中辻萬治・小野寺武夫訳（1985）『競争優位の戦略』ダイヤモンド社, 49ページを一部改訂）.

図表 2-10　顧客価値をベースとしたマーケティングの捉え方

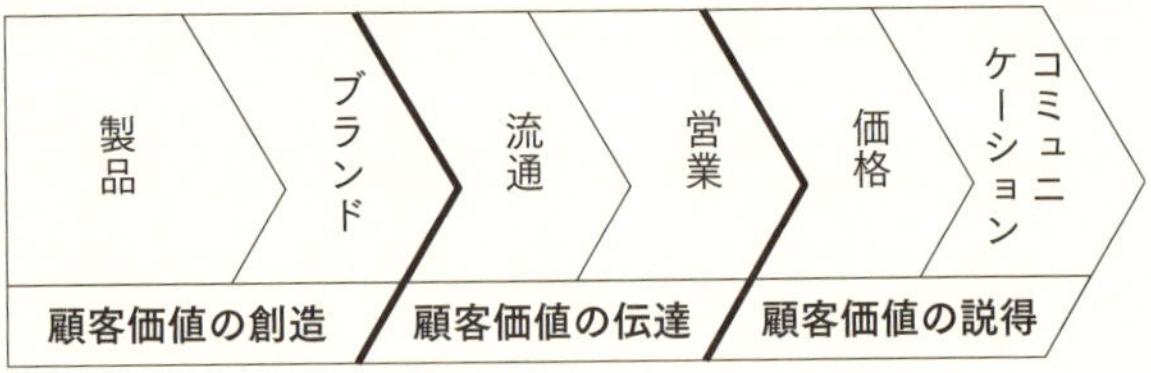

値提供のシークエンスに結びついた全ての主活動をマーケティング・プロセスとして捉える方が適している。つまり、マーケティングとは「顧客価値を創造し、伝達し、説得するプロセス」なのであり、マーケティング・プロセスは、製品が存在する以前からスタートし、製品の開発が進んでいる間にも行われ、製品が市場に送り出された後も継続することを理解しておきたい。

なお、企業は自社のマーケティング活動を価値連鎖と重ね合わせることにより、それぞれの価値創造活動のコストと成果を検討しやすくなる。その際、同業他社ばかりではなく異業種にまで目を向け、そこでのコストや成果をベンチマークとして比較検討の対象にするとよいだろう。

本書の構成は、以下、「顧客価値の創造」「顧客価値の伝達」「顧客価値の説得」と続いているが、マーケティングのプロセスと価値連鎖を念頭に置くことにより整理されている（図表2－10）。顧客価値の創造では製品とブランドの課題が論じられており、顧客価値の伝達では流通と営業の課題が論じられている。また、顧客価値の説得では価格とコミュニケーションを取り上げる。4Pの枠組みでブランドを捉えると、製品にも位置づけられるし、プロモーションにも位置づけられる。これと同様に、営業の一部は顧客価値の説得と結びついていたり、価格の一部は顧客価値の創造と結びついていたりするなど、各課題は明確にそれぞれのプロセスに振り分けることはできないが、顧客価値をベースとした新しいマーケティングの捉え方は理解してもらえるはずである。

第3章

顧客価値の創造

1　顧客価値の中核としての製品

　製品にかかわる意思決定は、マーケティングにおける最大の関心事の一つである。これは、マーケティングの中心が顧客価値であり、製品が顧客価値それ自体あるいは顧客価値の中核であることをみても明らかである。製品とは単なるモノつまり属性の束ではなく、顧客の課題を解決し顧客に価値をもたらす「便益（ベネフィット）の束」として捉える必要がある。

　例えば、女性が口紅を買うのは、単に口紅そのものを求めているのではなく、美しくありたいという課題解決のためである。レブロンの創設者であるチャールズ・レブソンは、「我々は、工場において化粧品を作っているが、店頭では夢を売っている」と述べている。彼は、製品が単なるモノではなく、便益の束であることに気づいていた一人である。

　オートバイや乗用車にしても、買い手は単なる移動手段のためだけに買うのではなく、オーナーズ・クラブのメンバーシップとしての記章やステータス・シンボルとして買うことが多い。ハーレーダビッドソンでは、オートバイ（モノ）ではなくライフスタイル（コト）を販売していると考えている。そして、「乗る」「出会う」「装う」「創る」「愛でる」「知る」「運ぶ」「競う」「海外交流」「満足」という10の楽しみを顧客に提供している。

製品を「便益の束」とする見解には、いくつかの長所がある。一つには、製品が買い手にもたらすプラス面を強調しており、顧客志向というマーケティング・コンセプトと整合している点である。また、売り手が何を売っているかではなく、買い手が何を得るかという視点であることも見逃せない。

もっとも、顧客の購買を引き起こすためには、実態としての製品が不可欠である。この実態部分は顧客が目にしたり手で触れたりする部分であり、パッケージ、スタイル、品質、ブランドなどである。実態部分が備わることにより、具体的な製品の姿がみえてくる。さらに、今日では保証や配達、信用供与などの付随部分も含めて製品とみなされている。つまり製品とは、便益の束としての「中核部分」を中心に、品質やブランドなどの「実態部分」、保証や配達などの「付随部分」から成り立っているのである。

一九六〇年代から七〇年代にかけて、マーケティングに関する諸概念の再考が試みられた。これによって、既存の概念は見直され、新たな枠組みでマーケティング諸概念が説明された。なかでも、概念を拡張させてマーケティングの可能性を高めようとする流れが支配的であった。製品概念の拡張も、このような流れから生じた製品に対する新しい捉え方である。

マーケティングでは、有形財に限定せず無形のサービスも含めて製品として論じることが多いが、製品概念のさらなる拡張により個人、組織、アイデアなども製品として捉えることができるようになる。政治家が効果的な選挙活動をしたり（政治家自身が製品）、学校や病院などの非営利組織が効率の良い運営を行ったり（教育内容や医療サービスが製品）、働き方改革の柱の一つであるテレワークを適切なキャンペーンで訴える（キャンペーン内容が製品）など、いずれもマーケティングの枠組みの中で論じることができる。

製品のマネジメント

マーケティングでは、近視眼に陥らないために、具体的な製品ではなく顧客ニーズという視点で供給内容を検討すべきだと強調している。しかし、日々のマネジメントを進める上では、どうしても目の前にある個々の製品やブランドに目を向けざるをえない。

①企業の供給内容

製品戦略に関する意思決定は、ブランド、製品ライン、製品全体といった少なくとも三つのレベルで実施される。

ブランド・レベルでの意思決定とは、特定のブランドが冠されている供給内容の修正に関するものである。ブランド・マネジャーもしくはそれと同等の管理者によって、製品アイテムと呼ばれる単位で管理される。特定ブランドであっても、デザイン、スタイル、サイズ、価格、素材などにおいて様々なバリエーションがある。これら一つひとつが製品アイテムであり、ブランドを形成している。ブランドに関する意思決定の諸課題については、本章の第2節で詳しく取り上げる。

製品ライン・レベルでの意思決定とは、ある製品ライン内における新ブランドの追加と削除に関するものである。これは、製品グループ・マネジャーもしくはそれと同等の管理者によって遂行される。

日用雑貨メーカーにとっての製品ラインとしては、シャンプー、練り歯磨き、衣料用洗剤などが考えられる。つまり、製品ラインとは、機能、顧客、流通経路などからみて、密接な関係のある製品の集合体と言い替えられる。ただし、この概念は相対的であるために、ある企業にとっては単なる製品ラインの一つであっても、別の企業にとっては全取扱品目ということもある。例えば、テニス用品専門店におけるテニスラケットは一つの製品ラインを構成するが、スポーツ用品総合店ではテニス用品全体で製品ラインになっていたりする。

製品全体としての意思決定とは、新しい製品ラインの追加、既存ラインの削除、各製品ラインへの資源配分などに関するものである。これは、企業全体の成長性や収益性を大きく左右するので、経営陣によって行われる。

以上三つのレベルで製品戦略をみてきたが、企業が提供する製品全体としての集合体は、

図表 3-1　製品ミックスの考え方

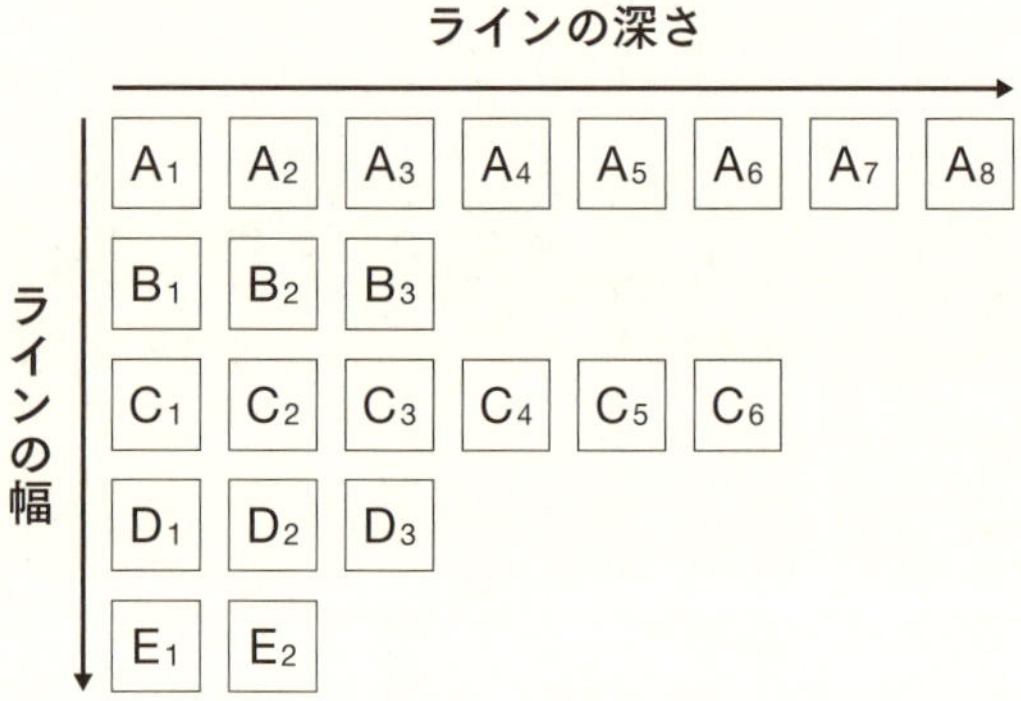

製品ミックスという概念で整理できる。この製品ミックスは、「幅」「深さ」「整合性」「長さ」の次元で検討される（図表3－1）。

製品ミックスの幅とは、企業が提供している製品ライン数であり、深さとは、一つの製品ラインにどれだけのアイテムが用意されているかを意味する。製品ラインを数多く持つ企業はフルライン企業、製品ラインを限定している企業はパートライン企業と呼ばれる。企業の多くは、特定の製品ライン内で複数のブランドを採用し、顧客ニーズへのきめ細かい対応をしている。

整合性とは、用途、生産、流通経路などからみて、取り扱っている製品ラインに認められる関連性の強さである。整合性が低くなればなるほど、多角化された複合企業としての性格が強まる。長さとは、製品ミックスに含まれるアイテムの総数で、企業の総取扱製品数を示す。

②新製品の捉え方

新製品開発について論じる前に、新製品の捉え方について検討しておこう。「新しさ」の意味とは誰にとってのものであろうか。単純に考えてみても、当該新製品が売り手である企業にとって新しい場合と買い手である市場にとって新しい場合とがある。この二つの視点を加味することで、技術革新を伴った製品だけではなく、既存製品の改良品や追加された新しいブランドも「新製品」となる。

市場や企業にとって新規な製品であればあるほど、企業にとってのリスクは高まる。だが、コンサルティング会社であるブーズ・アレン・アンド・ハミルトン社によると、大きな成功をおさめた新製品の約六割が「世の中にとっての新しい製品」と「新しい製品ライン」であるという。「既存製品の改良・修正」「コスト削減」などの新製品は、リスクは低いが大きな成功に結びつきにくい。高い収益を達成するためには、高いリスクを負わねばならない。

企業の成長にとって、新製品の開発は避けて通ることができない。技術は日々発展し、世界規模での競争が繰り広げられ、規制緩和が実施され、さらに人々の趣味嗜好は常に変化している。こうした環境変化がある限り、既存製品だけで企業が成長することは不可能である。

だが一方において、環境変化は新製品の開発機会にもなっている。かつて『フォーチュン』誌が実施した推定によると、アメリカ企業全体の利益の半分は一〇年前に存在していなかった製品に由来していた。付箋のポスト・イットやテープのスコッチで知られている3Mのように、四年以内に導入した新製品によって売上げの三〇%を達成するという目標を掲げる会社もある。

新製品が企業にとって極めて重要であるにもかかわらず、新製品の成功率は決して高くはない。アメリカでの調査によると、約八割が失敗、もしくは期待を大きく下回っている。競争が厳しい我が国の食品業界では、目標達成から見た成功率は一割にも満たないようである。

③新製品開発のプロセス

新製品開発のリスクを少しでも低くするために、効率的な新製品開発のプロセスが提案されている。プロセスの段階数や各段階の内容は、業種はもとより企業によっても異なる。図表3－2は、代表的な新製品開発のプロセスを示したものである。

新製品の開発は「アイデアの創造」から始まる。この段階では、新製品のためのアイデアが収集・創造される。アイデアの源泉は極めて多様であるが、大きく社内の源泉と社外の源泉に分けて捉えることができる。社内の源泉としては、経営陣や研究開発室、営業部員、製

図表 3-2　新製品開発のプロセス

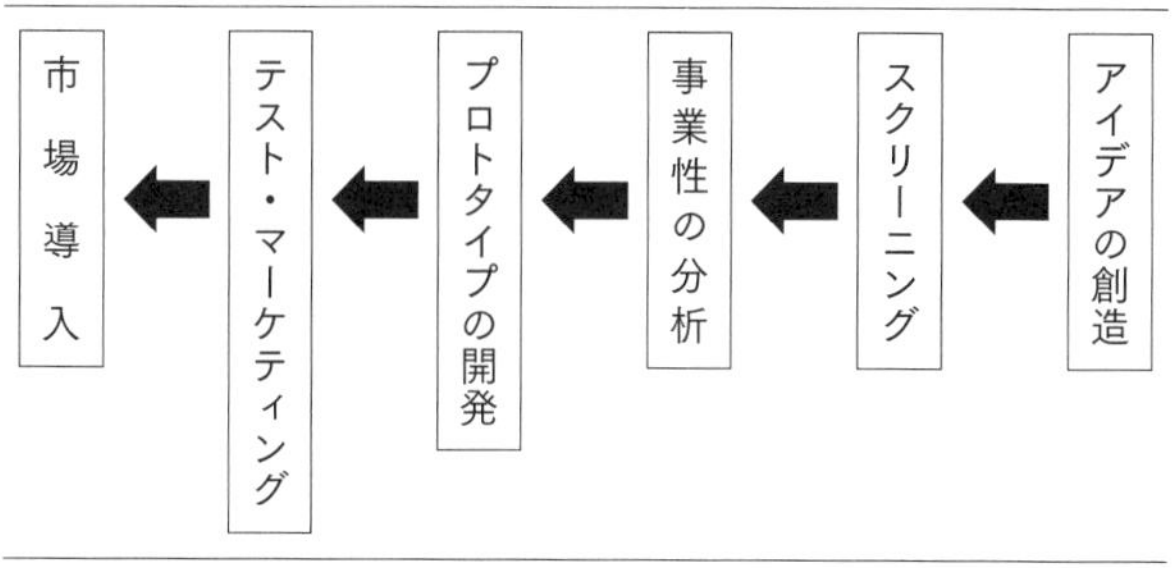

造部員などが挙げられる。また、社内にファイルされている顧客からの要望や苦情も重要なアイデア源である。一方、社外の源泉としては、取引企業、業界紙、競争企業の製品、発明家などが知られている。

新製品を重視する企業として知られている3Mには、開発者は自分の時間の一五％を自由に使うことができる「一五％ルール」や、会社として中止になった製品アイデアであっても、密かに開発の続行を認める「ブートレッギング（密造酒作り）」が存在する。同社には、モーゼの十戒に続く十一番目の戒律として「なんじ新しいアイデアを殺すことなかれ」が位置づけられている。グーグルでも二〇％ルールとして、技術者に勤務時間の二〇％を独自の新製品開発に費やすよう義務づけている。

組織の目標や標的市場に照らして、アイデアを取捨選択する段階が「スクリーニング」である。新製品のプロトタイプを実際に開発するためには、多額のコストを必要とする。スクリーニングの段階と次の段階は、自社にとって不適切なアイデアを除き、コストを節約するためにある。スクリーニングは、新製品開発のプロセスにおいてそれほどコストを必要としない段階であるが、潜在性の高いアイデアを誤って除去したり、逆に、潜在性の低いアイデアを採用し、開発段階を進めたりしてしまう危険がある。前者はドロップ・エラー、後者はゴー・エラーと呼ばれている。

スクリーニングを通過したアイデアは「事業性の分析」へと進んでいく。この段階は依然として机上の作業であるが、定性的な評価とともに定量的な分析が行われる。まず、定性的な評価では、主として顧客の選好が調査され製品の特徴が明確にされる。この時点で、新製品のアイデアは製品コンセプトとしての性格を持つようになる。アイデアは製品の一般的な記述にとどまっているが、コンセプトでは標的市場のニーズに照らした便益が示される。従って、製品のポジショニングを描くとともに、定量的な分析も可能になってくる。定量的な分析では、生産ラインへの投資、予想販売額、販売コストの分析をはじめ、損益分岐点、競争、投資収益率などの分析が行われる。

事業性の分析という段階を通過したコンセプトをもとに、試作的な製品を実際に作成するのが「プロトタイプの開発」である。この段階で最も困難なのは、顧客の選好や嗜好をどのように具体的な製品属性へと翻訳するかである。また、パーソナリティや時間感覚の異なる技術部門とマーケティング部門などが直接交渉する段階なので、メンバー間の調整や協力が求められるようになる。

候補となる製品が完成したならば、「テスト・マーケティング」段階として、実験室や実際の市場で顧客の受容性が試験的に測定される。もし、全国的に販売して失敗すれば、金銭的な損失はもとより、流通業者との取引関係を悪化させたり、イメージを損なったりする危険性がある。そこでテスト・マーケティングによって、できるかぎりリスクを回避しようとするのである。もちろん、テスト・マーケティングの目的はリスクの低減だけではない。価格戦略やプロモーション戦略の改善を狙った前向きな目的もある。

テスト・マーケティングの結果を踏まえた調整の後、顧客による支持を期待できる製品が「市場導入」される。新製品を市場導入するタイミングは、市場における成功機会が存在し、競争的に好ましい状況でなくてはならない。タイミングが適切ではないと判断したならば、導入の延期も検討しなければならない。市場が未形成であったという理由で、潜在性の大きな新製品が失敗してしまった例は少なくないからだ。

製品には寿命がある

マーケティングでは、製品の様々な特性を説明する概念として製品ライフサイクルがよく

図表 3-3　典型的な製品ライフサイクル

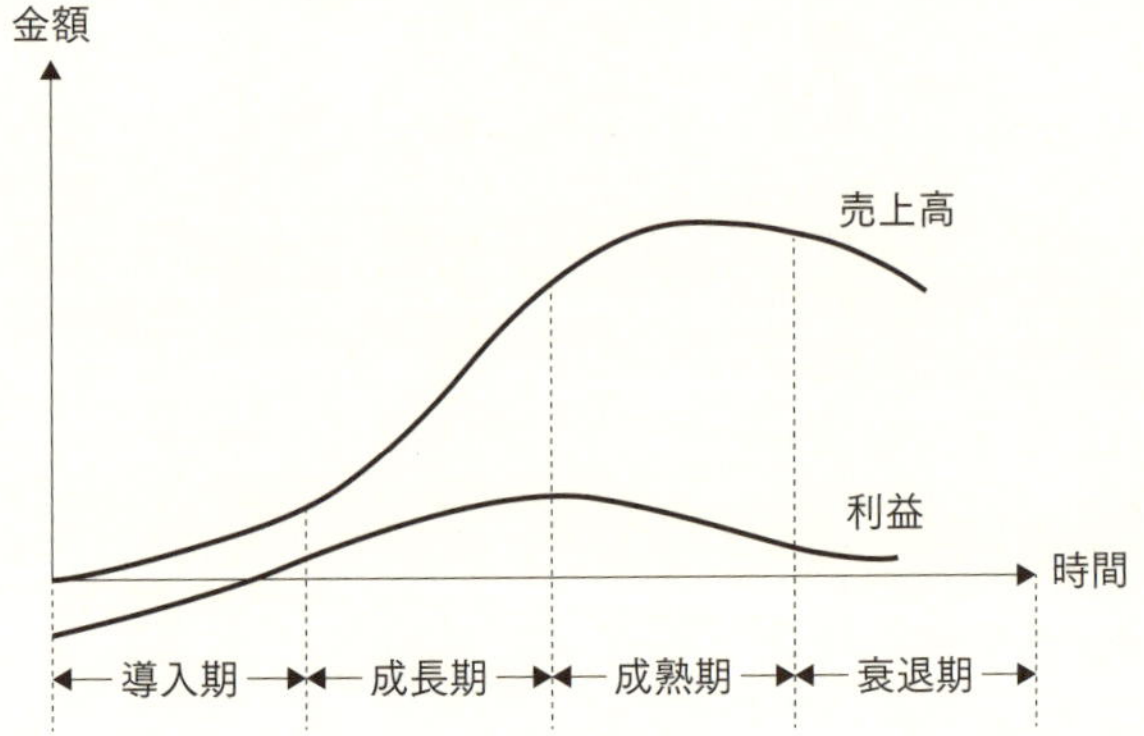

用いられる。これは、製品は動物と同様に生まれ、そして死ぬ運命にあるという考え方を出発点としている。

製品ライフサイクルの概念は、製品の集合水準に応じて、ブランド、製品カテゴリー、産業などいくつかのレベルで捉えることができる。従って、自社ブランドの売上高の伸びが頭打ちになっているにもかかわらず、製品カテゴリーや産業全体での売上高が成長していたり、逆に、産業全体が伸び悩んでいても自社ブランドが順調に売上げを伸ばしたりしている状況も説明できる。

製品ライフサイクルの段階や形状については、様々な議論が試みられてきた。一般に、段階数については四段階説、形状についてはS型曲線が支持されている（図表3－3）。以下では、新製品開発に伴って市場導入された自社ブランドのレベルから、製品ライフサイクルを四つの段階に分けて説明してみよう。

①四つの段階

「導入期」とは、企業が新ブランドを市場に送り出す段階である。この段階におけるマーケティング戦略の目的は、ブランドの構築である。多くの顧客は、当該ブランドの便益や使用方法はもとより、存在にすら気づいていない。顧客へのマス広告によって知名度を高めることはもちろん、トレード・プロモーションによって流通業者に自社ブランドを取り扱わせるよう働きかけねばならない。市場規模はまだ小さく、競合ブランドの数も少ないので、競争はそれほど激しくない。売上高の低さに加え、研究開発費やプロモーション費などの始動コストを考えると、多くの場合は赤字である。

「成長期」とは、導入されたブランドの売上高が急速に伸びる段階である。同時に、全体としての市場規模も急成長する。他の企業もマーケティング機会を察知して類似製品を送り込んでくるので、ブランド・ロイヤルティの確立が主要なマーケティング目的になってくる。当然、競合ブランド間での激しい競争が展開されるので、この段階の後半には売上高が伸びているにもかかわらず、利益は早くもピークを迎えてしまうことが多い。拡大する需要に対応するためには、営業力の強化、流通取引チャネルの拡大、生産力の増強などが必要となる。

こうした対応を怠ると、先発ブランドでありながら成長期に後発ブランドに先を越されてしまうことがある。

「成熟期」とは、売上高の伸びが鈍化し飽和点を迎える段階である。全体としての市場規模もピークに到達し、新規需要よりも買い替え需要、買い増し需要が主流となる。自社ブランドの売上高を増大させるには、競合ブランドのシェアを奪わなければならない。競争は一層激しくなるので、早くも弱小ブランドは市場から撤退してしまう。また、技術的にみたブランド間の差異がなくなるので、デザインなどの副次的な部分での差別化が進む。従って、マーケティング戦略では、市場における明確なブランド・ポジションの確立が求められる。ブランドの特徴を説明する説得的な広告よりイメージ的な広告が重視されるようになり、パッケージの見直しや製品デザインの変更も行われる。

「衰退期」とは、売上高と利益が急速に減少する段階である。フロッピーディスクがＵＳＢなどにとって代わられたように、あるいはブラウン管テレビが液晶テレビにとって代わられたように、価格や品質面からみてより顧客ニーズに合致した代替製品が登場する。競合ブランドの多くも、既に市場から離脱していたり、市場からの撤退を検討したりしている。衰退に至る原因としては、技術の革新、社会的なトレンド、政府の規制、海外企業との競争などが考えられる。

企業のマーケティング戦略としては、ブランドの全面的なモデルチェンジや撤退が考えられる。前者を進めるのであれば、単なる改良ではなく何らかのイノベーションを伴った改良でなければならない。結果として、新しいマーケティング・ミックスで、従来とは異なったポジションが模索される。撤退を決めたのであれば、投資追加をせず収穫戦略を実施し、利益を最大限に搾りとることになる。

シャンプーやボディソープで知られている資生堂の「シーブリーズ」は、売上高の低迷に直面して製品を大幅に見直した。若い男性をメインターゲットとした海を連想させる製品から、若い女性をメインターゲットとした日常を連想させる製品へと切り替え、ブランドの衰退期からの脱却に成功した。

ここで注意しておきたいのは、あるブランドの売上高の減少が必ずしも衰退期を意味しないという点である。つまり、売上高の減少は、単に製品の寿命によるものだけではなく、不適切なマーケティングによっても生じる可能性があるのだ。マネジャーは、売上高が減少傾向にあるならばその原因を探り、成熟期を持続させる延命策について検討したり、場合によってはライフサイクルを成長期へと若返らせたりするように努めなければならない。

デュポンは一九三〇年初頭に市場導入したナイロンという製品に対して、パラシュート、ストッキング、服、タイヤなど様々な用途を生み出し、製品ライフサイクルを延命させながらら顧客価値の創造を継続していった。

広く知られている理論であるにもかかわらず、製品ライフサイクルはマーケティング研究者からの全面的な賛同を受けているわけではない。例えば、製品ライフサイクルの各段階を決定する主たる要因が売上高であるにもかかわらず、製品ライフサイクルの各段階は売上高水準の説明に用いられることに着目し、製品ライフサイクルの概念が同義反復ではないかという指摘がある。

こうした指摘は、マーケティングが製品ライフサイクルの従属変数なのか独立変数なのかといった議論にまで発展している。つまり、製品ライフサイクルの段階に応じて適切なマーケティングを遂行していくべきなのか、あるいは、マーケティングによって製品ライフサイクルをコントロールすべきなのかといった議論である。

製品ライフサイクルには、別の視点からの問題点もある。すなわち、自社ブランドあるいは自社の取扱製品群が、製品ライフサイクルのどの段階に位置するのかを明確に判断できない点である。生物界では、ライフサイクルの各段階における期間がかなりはっきりと決まっており、各段階の順序は一定不変でしかも連続的である。ところが、マーケティングにおけるライフサイクルは、どちらの条件にも適合しない。もし、誤った製品ライフサイクルの認識をしてしまうと、まだ何年も利益機会のあるブランドを「死」に追いやってしまう危険性さえある。

②計画的陳腐化

製品ライフサイクルとの関連で、説明しておかなければならないマーケティング手法がある。それは計画的陳腐化と呼ばれるもので、製品の寿命を計画的に短縮化することによって、顧客の需要を刺激するマーケティング手法である。ファッション業界において毎年変わる流行、自動車業界におけるモデルチェンジを思い浮かべてみよう。どちらにおいても、短期間でのデザインの変更によって、計画的陳腐化が行われている。各社は既存のデザインとは明確に差別化された新しいデザインを導入することで、既存のデザインの魅力度を低下させ、顧客の買い替え需要や買い増し需要を促そうとする。一方、顧客の側にも、デザインの変化に敏感で新モデルを強く支持する層とともに、旧モデルの価格低下を歓迎する層がいる。

デザインではなく、製品の機能そのものの変更によって、計画的陳腐化が進められることもある。新たな機能特徴やより高度な性能が付与された製品を導入することで、既存製品を所有する顧客の不満を高め、買い替え需要を引き起こすのである。携帯電話は飛躍的に進化してきた。一部の機種では、使用期間が長くなりバッテリーが消耗するとともに、ＣＰＵのパフォーマンスが低下する設計となっていた。そのため、数年が経過すると、利用者は購入時に得られたパフォーマンスを得ることができなくなり、買い替えの検討を早める傾向にあった。

計画的陳腐化は、需要を刺激するという意味で有効なマーケティング手法の一つではあるが、資源の浪費や旧モデルの処理といった問題と常に結びついている。従って、企業は社会的責任を加味しながら慎重に計画的陳腐化を進める必要がある。

参入順位で決まる優位性

マーケティング競争においては、先発ブランドが後発ブランドよりも有利な立場を占める傾向にある。これは、先発優位性と呼ばれ、ある特定市場へ最初に参入したブランドの方が、後から参入したブランドよりも大きな利益や大きな市場シェアを獲得できる傾向にあることを意味している。先発優位性はなぜ生じるのだろうか。

①先発ブランドの優位性

第一は、顧客のマインド内に参入障壁を形成できることである。ある製品市場に真っ先に参入したブランドは、当該製品カテゴリーとの間に強い結びつきを生み出す。例えば、多くの人々はドライビールといえば「アサヒスーパードライ」を、カップ麺といえば「カップヌードル」を思い浮かべるだろう。先発ブランドは、当該製品カテゴリーの代名詞として認識されやすいのである。

第二は、経験効果を得られることである。これは、製品の累積生産量が増えれば増えるほど、単位あたりの生産コストが低下するという効果である。競争相手よりもはやく市場へ参入し累積生産量が増加すると、当該市場と当該製品をより深く知り、より多くの知識と経験を蓄え、より有利なコスト競争を展開できるようになる。

第三は、旨みのある市場を獲得できることである。先発ブランドは、イノベーター層や初期採用者層へと真っ先に浸透できる。彼らは、新製品に強い興味を持ち、新製品を受け入れることに抵抗感を有していない。価格に対しても、それほど敏感ではない。企業からすると、最も旨みのある顧客層といえるだろう。一方、後発ブランドは、新製品の採用にそれほど積極的ではない残りの顧客層を狙うことになる。

もちろん、先発ブランドが有利となる理由は上記だけではない。一部の製品では、スイッチング・コストが鍵になる。現在所有している製品との互換性、操作面での継続性などは、次の購入製品の選択において大きく影響する。先発ブランドであれば、顧客に最初に所有してもらい、自社製品の使い方や機能に慣れてもらえば、その後も継続購入してもらえる確率が高くなる。また先発ブランドは、原材料の供給先、流通経路、小売店頭などを他社に先んじて押さえることもできる。

②後発ブランドの優位性

ここまでは、市場に一番手として参入することが、競争を展開する上でいかに有利であるかについて論じてきた。では、先発できなかった企業は諦めるしかないのだろうか。そうではない。後発であるにもかかわらず、健闘しているブランドは少なくない。

アメリカのコンサルタントであるアル・ライズとジャック・トラウトは、大西洋単独無着陸横断飛行の話を用いて、後発ブランドがとるべき戦略について述べている。アメリカ人の多くは、初めて大西洋横断飛行に成功した人物がチャールズ・リンドバーグであることを知っている。ところが、二番目に成功したバート・ヒンクラーを知る人はほとんどいない。彼はリンドバーグよりも短い時間で、しかも少ない燃料で大西洋横断飛行に成功している。パイロットとしての腕は優っていたにもかかわらず、人々の記憶にはとどまっていない。興味深いのは、リンドバーグだけではなく、アメリア・エアハートも大西洋横断飛行に成功した人物として後世に名を残していることである。それは、この人物が初めて大西洋横断飛行に成功した女性だったからだ。

この話は、一番手でなければ、「女性」といったような新しいカテゴリーを創造すべきだと教えている。そして後発ブランドは、競合ブランドより「いかに優れているのか」を主張するのではなく、「何が新しいのか」を主張すべきであると示唆している。顧客価値との関連で説明するならば、顧客はより良いことよりも新しいカテゴリーに強く反応し、大きな価値を認めやすいのである。

もちろん、後発であるがゆえのメリットもいくつかある。第一は、需要の不確実性を見極められる点である。市場の先行きが不透明な段階で意思決定を強いられる先発ブランドに対して、後発ブランドは市場が成長するか否かを見極めてから投資を行えばよい。

第二は、広告・販促費への投資を節約できる点である。ある新製品が市場に出てしばらくの間は、従来品との違いや当該新製品がもたらす便益を理解している顧客は少ない。そうした新製品の存在すら知らない顧客もいる。そこで先発ブランドは、顧客に当該新製品を認知させ理解させるために、広告・販促費への莫大な投資を余儀なくさせられている。ところが後発ブランドは、自らのブランド名だけを顧客へ浸透させればよく、極めて効率の良いコミュニケーション戦略を展開できる。

第三は、研究開発コストを低く抑えられる点である。後発製品として模倣するコストは、先発製品としてイノベーションを生み出すコストよりもはるかに低いはずである。

さらに、顧客の変化に対応しやすいこともある。ある製品が初めて市場に導入された頃の顧客と成長期から成熟期にかけての顧客とでは、求める機能や用途においてかなり異なっている。後発ブランドは、主流となる顧客の姿を正確に読み取り、効率の良いマーケティング戦略を展開することができる。

アサエルによる四つの製品タイプ

人々の購買行動は一様ではない。スマートフォンを購入するときと清涼飲料を購入するときとでは、費やす時間や情報収集などに大きな違いがある。スマートフォンの方が清涼飲料よりも高価であり、しかも自己表現に大きく関わっている。そのため、買い損じによるリスクが大きく、人々は吟味の末に購入機種を決定するはずである。購買行動に基づいて製品を適切にタイプ分けできたならば、マーケティングの効率は高まるはずである。

マーケティング研究者であるヘンリー・アサエルは、「関与水準」と「ブランド間の知覚差異」という二つの次元を用いて購買行動の違いを説明し、四つの製品タイプを導出している。アサエルのマトリックスは図表3−4に示されており、製品が「複雑な購買行動型」「バラエティ・シーキング型」「不協和低減型」「習慣購買型」に分けられている。これらの製品タイプは、消費者の情報処理の違いと結びついているため、実務的にみて有益な示唆をもたらしてくれる。

図表3-4　4つの製品タイプ

		関与水準：高	関与水準：低
ブランド間の知覚差異	高	複雑な購買行動型 認知 ➡ 評価 ➡ 行動 （知り）（感じ）（行動する）	バラエティ・シーキング型 認知 ➡ 行動 ➡ 評価 （知り）（行動し）（感じる）
ブランド間の知覚差異	低	不協和低減型 行動 ➡ 認知 ➡ 評価 （行動し）（知り）（感じる）	習慣購買型 認知 ➡ 行動 （知り）（行動する）

アサエルが注目した関与水準とは、消費者と製品との関わり合いの程度を意味している。消費者が当該製品に重要性を感じていたり、関心を抱いていたり、こだわりを有していたり、思い入れがある場合に、関与水準は高くなる。一方、ブランド間の知覚差異とは、消費者が当該製品カテゴリー内のブランド間に何らかの違いを知覚できる程度を意味している。明確な違いを知覚できるほど、知覚差異は大きくなる。

消費者の関与水準が高くて、ブランド間の知覚差異が大きい場合には、複雑な購買行動がとられる。まず認知が形成され、次に評価が行われ、最終的に行動が引き起こされる。自動車、パソコン、スマートフォンなどの製品は、複雑な購買行動型の製品としてタイプ分けできるだろう。消費者はこうした製品の購買において認知的学習プロセスに従うので、企業側からすればネット情報やクチコミ情報などを有効に利用して、自社ブランドの特徴を明確化したり、ベネフィットを訴えたりしなければならない。

バラエティ・シーキングとは、関与水準は低いがブランド間の知覚差異が大きい製品においてとられる行動パターンである。ポテトチップス、サラダドレッシング、クッキーなどの製品は、典型的なバラエティ・シーキング型の製品といえる。消費者はこのような製品に対して関与水準が低いので、あるブランドから別のブランドへのスイッチにほとんど抵抗を感じない。そのため、十分な評価の後に行動をとるのではなく、評価は行動の後になされやすい。しかも、ブランド間には明確な知覚差異があるので、ブランドをスイッチする根拠は存在している。たとえ前回購入したブランドに不満がなくても、消費者は「目新しさ」や「多様性」を求めてブランド・スイッチをする。バラエティ・シーキングがとられやすい製品におけるリーダー・ブランドには、関与水準の引き上げにより、スイッチを思いとどまらせる努力が求められる。

関与水準は高くても、ブランド間に明確な知覚差異を見出せない製品もある。例えば、絨毯は高価で自分の趣味を反映する製品なので関与水準は高いが、よほどの目利きでもなければ、ブランド間の品質に明確な違いを見出すことは難しい。その結果、行動や認知が評価よりも先行するので、消費者はあるブランドを実際に購買した後、不安や迷いを覚えることがある。この種の製品は不協和低減型の製品と呼ばれている。企業側としては、認知的不協和と呼ばれるこうした不安や迷いを広告などのコミュニケーション手段によって引き下げなければならない。高級家具でも同じような行動がとられやすい。

関与水準が低く、ブランド間の知覚差異も小さい場合には、習慣的な購買行動がとられる。消費者は受動的な学習によって認知を形成し、購買行動へと移る。いつも買っている、最初に目に付いた、単に知っている、などの理由でブランドを選択することが多いため、店頭で目立ち手に取りやすい売り場の確保が最も重要である。食卓塩、トイレットペーパー、ティッシュなどの製品は、代表的な習慣購買型といえる。この種の製品では、購買後に消費者が自分の選択を評価することはほとんどない。

2　ブランドは信頼の貯蔵庫

今日のマーケティングにおいて、ブランドは主役とも呼べる存在になっている。マーケティングにおけるブランドの重要性は、次のような発言に集約されている。フィリップ・コトラーは「優れたブランドは、平均以上の収益を継続的に確保するための唯一の手段」と述べ、ブランド研究で有名なケビン・ケラーは「ブランドという無形資産こそ、多くの企業が有する最も価値ある資産」と述べている。コカ・コーラの元CEOであるロベルト・ゴイズエタは「明日、工場や施設が全て消失したとしても、我々の価値はいささかも揺るぎはしない。我々の価値は、ブランド愛顧と社内に蓄積されたナレッジにあるからだ」と述べ、ユニリーバの元会長であるナイル・フィッツジェラルドは「ブランドは信頼の貯蔵庫のようなもの。信頼の重要性は、選択肢の多様化に伴って、ますます高まりつつある。消費者は単純な生活を送りたがっている」と述べている。

ブランドの重要性が認識されるとともに、多くのマーケティング研究者がブランド課題に取り組み、多くのブランド関連の書籍が出版され、多くの企業がブランド課題を扱う専門部署を設立するようになっている。また、先端的なマーケティング研究を支援することで有名なアメリカのマーケティング・サイエンス・インスティチュート（MSI）では、繰り返しブランド課題を最重要研究テーマの一つとして取り上げている。

高まるブランドの重要性

なぜブランドはこれほどまでに重視されるようになったのだろうか。ここでは三つの背景を取り上げてみた。

まず考えられるのが、製品やサービスのコモディティ化である。コモディティ化とは、どのブランドを取り上げても基本的な品質において大きな違いがなくなる傾向のことである。例えば、五つのビール・ブランドを用意して、ラベルを隠して消費者に飲んでもらう。すると、ほとんどの消費者はブランドを正しくいい当てることができない。ブランドが提示されていなければ、消費者は各ブランドの特徴を明確に認識できないのである。宅配便などのサービスにおいても状況は似ている。翌日配送、地帯均一料金などの基本サービス部分は共通となっている。各社で違うのは、配送車や配達員のユニホームなど副次的な部分である。

コモディティ化が進めば進むほど、各社は自社製品の特徴を訴えにくくなる。そこで注目されるのがブランドである。自社製品がユニークなブランド・ネームを有し、ロゴ、スローガン、キャラクター、ジングル（ブランド特有の音楽）、パッケージなどで強化されていれば、独自のイメージや世界観を創り上げ、顧客との間に強固な結びつきを構築できる。製品の属性部分における違いが少なくても、顧客のマインド内におけるポジションが大きく異なれば、価格競争に巻き込まれにくくなり、顧客の安定的な確保へと結びつく。同じような体力を備えている人であっても、適度な運動で体を鍛え、栄養バランスの良い食事を心がけている人とそうでない人を比べれば、免疫力が高くなっている前者の方が間違いなく病気にかかる確率は低いはずである。製品力を体力とすれば、ブランド力は免疫力のようなものだろう。

第二は、ＭＢＡ型マネジメントの限界である。ＭＢＡとは経営学修士号のことで、ビジネスの発展とともにアメリカでは一九六〇年代からもてはやされてきた。ＭＢＡを有する人々は、ビジネスのスペシャリストであり、エリートでもある。彼らがメーカーに入りマーケティング部門に配属されると、最初は小さなブランドのマネジャーとして手腕をふるい、より大きなブランドを担当するようになり、やがて経営幹部へ昇進する。

ところが、彼らが特定ブランドを担当する期間は数年に限られており、その限られた期間で最大の成果を引き出そうとする。すると、短期的な成果は高まったとしても、長期的にみるとブランドは疲弊していく。有能なマネジャーであればあるほど、自らの能力を示すべく短期的なブランドの成果を高めることに注力するが、長期的なブランド構築にはマイナスの結果をもたらしやすい。そこで、企業にとってのブランドの重要性を再確認し、ブランドを長期的に育成し構築していくべきであるという機運が高まってきたのである。

第三は、ブランド・エクイティ論の登場である。エクイティをあえて訳すならば「資産」となるだろう。ブランドを単なる識別機能を果たす名称として捉えるだけではなく、競争優位をもたらす価値ある資産として捉えようとする考え方である。大切な資産であるならば、当然、組織内での扱いも変更すべきであるし、マネジメントの進め方においても再検討がなされるべきである。ブランド・エクイティ論については、後ほど改めて説明を加えることにしよう。

他にも、ブランドの崩壊がある。不祥事などによって多くの有力ブランドが傷つき、また輝きを失ってきた。最悪の場合には、ブランドそのものが否定され、市場から姿を消すこともある。不祥事などの様々なリスクに直面したとき、ブランドの重要性が再確認されるとともに、優れたブランド・マネジメントの重要性が改めて認識される。

資産としてのブランド

「ブランド」は「人」「モノ」「カネ」「情報」と並んで、企業における五つ目の資産として捉えられるようになっている。この資産としてのブランドが、自社の資産において最も大きな部分を占めている会社も少なくない。インターブランド社が二〇一八年に発表した数値によると、アップルのブランド資産額は二一四五億ドルで世界第一位。第二位のグーグルは一五五五億ドル、第三位のアマゾンは一〇〇八億ドルとなっている。日本企業では、トヨタの五三四億ドル（七位）とホンダの二三七億ドル（二〇位）と日産の一二二億ドル（四〇位）が上位五〇に入っている。いずれも莫大な金額であることがわかる。

①ブランド・エクイティの構成要素

ブランド研究者であるデービッド・アーカーは、ブランド・エクイティを構成する要素について整理している。第一の要素として、ブランドがどれだけ知られているかという「ブランド認知」がある。競争の土俵に上るためには、まず多くの顧客に当該ブランドが知られていなければならない。そして広く知られているほど、当該ブランドの資産的価値は高くなる。例えば、アップル、グーグル、アマゾンなどのネームは、英語圏はもちろんのこと、英語圏以外の国においても多くの人々によって認知されている。

第二に、顧客に感じとられている品質としての「知覚品質」がある。ブランド・エクイティには、機器などで測定される客観品質よりも、顧客の主観的な知覚品質の方が大きな影響力を有している。いわゆる実態よりも、イメージの方が大切なのである。

第三に、「ブランド・ロイヤルティ」がある。ブランド・ロイヤルティの水準が高いということは、強い支持者の存在を意味しており、彼らは競合ブランドが安売りをしていても簡単にはスイッチしない。また、当該ブランドが品切れであれば、別の店舗にまで足を運んで購入してくれる。ブランド・ロイヤルティは、ブランド・エクイティを高める上で重要な要素となっている。

第四に、「ブランド連想」がある。ブランド・ネームが提示されるとき、我々は何らかの事

図表 3-5　ブランド連想の概念図

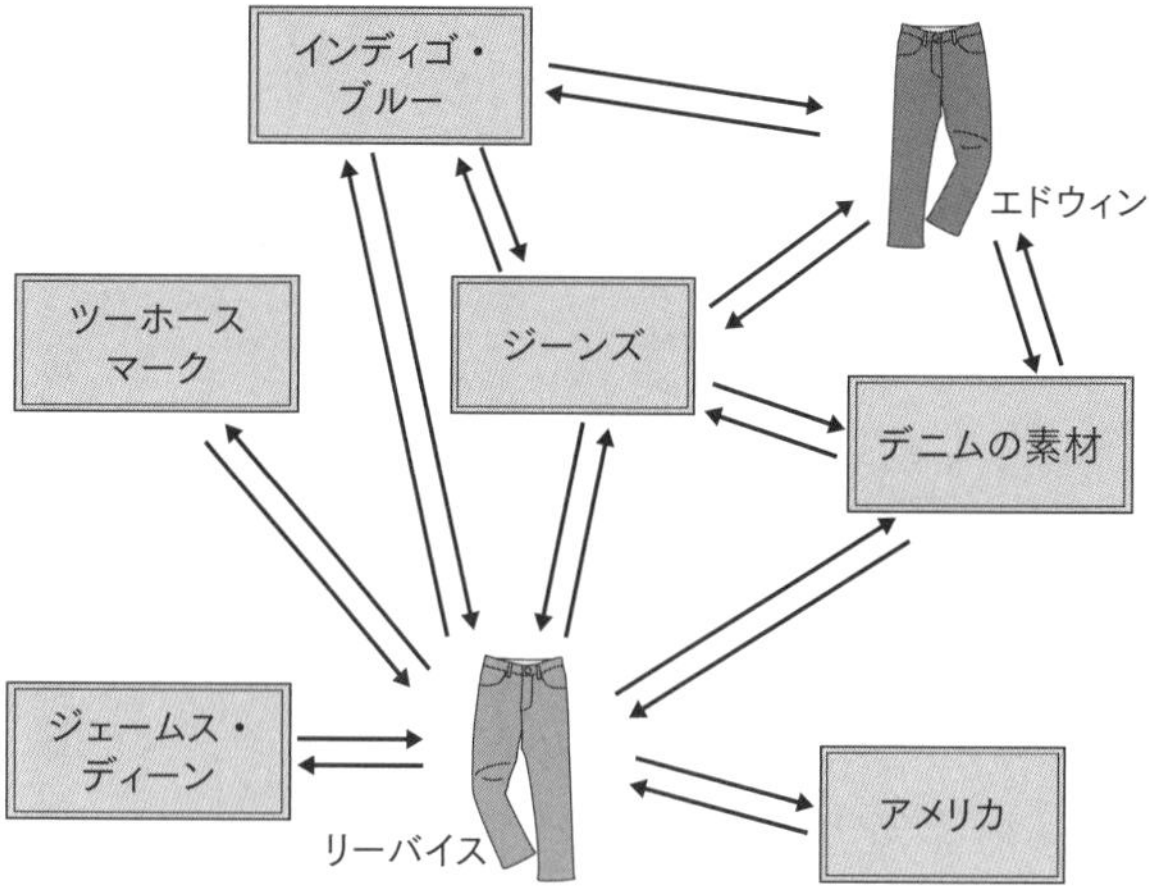

各ノードは双方向の矢印（リンク）で結ばれているが、同じ強さで結びついているとは限らない。例えば、エドウィンからジーンズへの結びつきは強いが、ジーンズからエドウィンへの結びつきは弱いかもしれない。

柄を思い浮かべることがある。それは製品カテゴリーであったり、顧客にとってのベネフィットであったりする。製品属性、利用者、キャラクターなどを思い浮かべる人もいるだろう（図表３－５）。

ブランド連想は、心理学で開発された連想ネットワーク型記憶モデルをベースとしており、消費者の記憶内に蓄積された情報や概念がノードであり、このノードとノードがリンクによって結ばれていると想定している。つまり、ブランドを中心的なノードとした芋づる式の結びつきがブランド連想なのである。

例えば、リーバイスと聞いて、ジーンズという製品カテゴリー、インディゴ・ブルーという色、デニムの素材という製品属性、ジェームス・ディーンという利用者、アメリカという国などが思い浮かべられる。コカ・コーラであれば、コーラ飲料という製品カテゴリー、赤というブランド・カラー、炭酸という製品属性、コンツアーボトルというくびれたガラス瓶などが結びついている。

ブランド研究者であるケビン・ケラーによると、強くて、好ましくて、ユニークな事柄との結びつきは、ブランド・エクイティを高める必要条件となっている。

②ブランド・エクイティの影響

ブランドは資産であるという考え方が広まるとともに、従来型ブランド・マネジメントは見直され、新しいブランド・マネジメントの枠組みが提示されるようになってきた。また、ブランドが資産であるとすれば、他の資産と同様に、売買対象として捉えることもできる。実際、欧米はもちろん我が国においても、ブランドの売買が行われるようになっている。

ブランド・エクイティは、企業にどのようなメリットをもたらすのだろうか。一言でいうならば、キャッシュフローへのプラスの影響である。エクイティの大きなブランドであれば、大きなキャッシュフローの流入をもたらす。次の例を考えるとわかりやすい。

図表3-6　マーケティングにおけるブランドの位置づけ

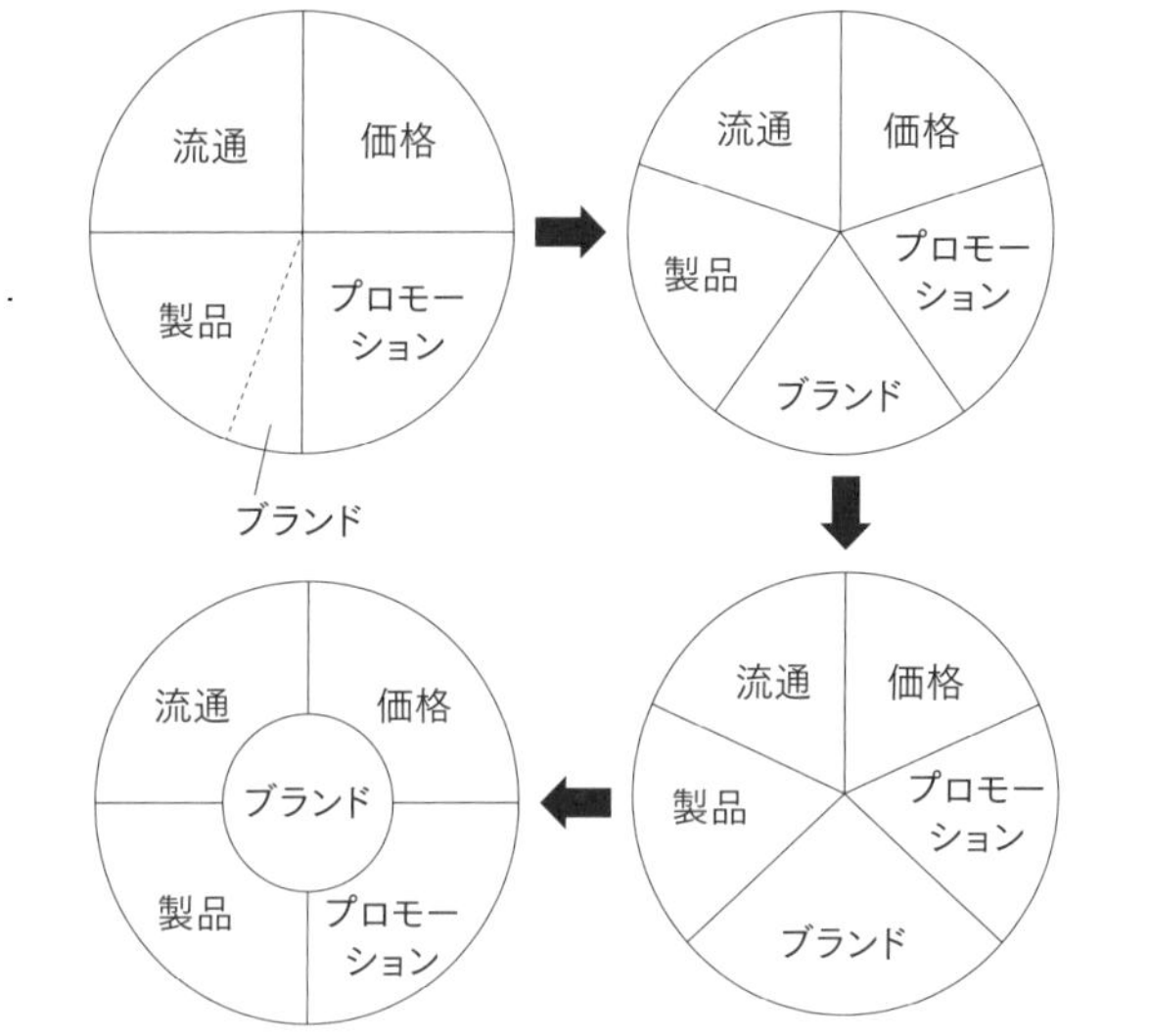

ある工場で、AブランドとBブランドが同じ生産ラインで同じモデルのカラーテレビを生産していた。生産されているカラーテレビは、製品としては全く同じである。しかし、AとBという異なるブランドをつけて市場に流通させると、AブランドのカラーテレビはBブランドのカラーテレビよりも高い価格で、しかも約二倍売れたというのである。

ブランド・エクイティには、流通業者からの支持を得やすくするといったメリットもある。情報システムの発展により、流通業者の意思決定は迅速かつドライになっている。流通業者からすると、知名度やロイヤルティの低いブランドを扱うことは大きなリスクとなる。一方、ブランド・エクイティが確立しているブランドに対しては、販売における協力を惜しまない。

③マーケティングにおけるブランドの位置づけ

ブランド・エクイティ論が広まり、ブランドに対する見方が変化することにより、マーケティング内でのブランドの位置づけも大きく変化してきた（図表3－6）。かつてブランドは、マーケティング・ミックスにおける製品（Product）の単なる下位要素に過ぎなかった。

しかし、ブランドの重要性が認識されるとともに、ブランドは四つのPと肩を並べるマーケティング要素となり、一部の企業では四つのPよりも重視されるようになっている。この種の企業はブランドの力で競争を有利に進める、いわばブランド・カンパニーである。究極的には、ブランドをマーケティングの中核に据えようとする考え方も現れている。こうした考え方のもとでは、自社のマーケティングがブランドを中心に展開されることになる。

ベストなステージは企業によって異なるだろうが、図表において矢印の方向で多くの企業が推移している。

図表 3-7　4つの基本戦略

	既存ブランド	新規ブランド
既存市場	ブランド強化	ブランド変更
新規市場	ブランド・リポジショニング	ブランド開発

ブランド戦略を考える

ブランド戦略を遂行するにあたり、我々は三つの視点を確認しておく必要がある。三つの視点とは、基本戦略、採用戦略、そして拡張戦略である。

①ブランドの基本戦略

ブランド戦略を進める場合、まず最初に基本方針を決定しておく必要がある。これはブランドの基本戦略と呼ぶことができる。ブランドの基本戦略は、対象とする市場が既存なのか新規なのか、採用するブランドが既存なのか新規なのか、という二つの次元によって整理できる（図表3－7）。

「ブランド強化」では、対象市場もブランドも変更しない。従来の戦略の強化・延長であり、相対的にリスクの低い戦略である。市場への浸透が不十分であったり、ブランドの鮮度が薄れてきたり、競争が激しくなってきたりした場合、この戦略が採用される。花王の衣料用洗剤「アタック」では、コンパクト粉末洗剤として一九八七年の発売から二〇一八年までに数十回にも及ぶ成分の見直しやパッケージ・デザインの改良が行われている。これは、最新の技術やセンスをブランドに取り入れ、ブランドの陳腐化を防ぐためである。二〇一四年の改良では防カビ性能を高めた「アタックＮｅｏ抗菌ＥＸＷパワー」を導入し、洗濯物の悪臭を抑える効果が強化されている。

成分やデザインの変更にあたっては、既存の顧客層を大きな変更で失望させないようにするため、丁度可知差異（指摘されて初めて気づく程度の違い）を考慮して進める必要がある。「ポッカコーヒー」や「キャンベルスープ」などのパッケージ・デザインの変遷をみると分かりやすいが、パッケージ・デザインの変更では、旧デザインを生かしながら少しずつ変更するという手法がとられている。既存顧客の失望を引き起こすことなく、今日的なデザインを維持できるからだ。

「ブランド・リポジショニング」とは、既存のブランドで新しい市場を狙う戦略である。対象市場を思い切って新たに設定し、売上高の増加を狙う。具体的には、ギフト用から業務用へ、女性用から男性用へ、子供用から成人用へ、などの変更が考えられる。ジョンソン・アンド・ジョンソンは子供用のベビーローションを成人にも利用してもらえるようにポジションを変更した。

「ブランド変更」とは、同じ市場をターゲットとし続けるが、ブランドを新しいものへと変更する戦略である。値崩れしてきたブランドを廃棄し、新しいブランドに切り替えれば、消費者に鮮度を訴えることができる。半面、過去に築き上げてきた認知度やロイヤル・ユーザーを放棄し、ゼロからのスタートとなるので、相対的に高いリスクを伴った戦略である。そのため欧米などでは、採用されることの少ない戦略といえる。

しかし、日本ではブランド変更戦略がしばしば浮上する。というのも、日本は国土が狭く全国への新ブランド配荷が容易だ。また、言語がほぼ単一で、全国ネットのテレビや新聞などの情報インフラも発達しているため、新ブランドの導入に伴う統一的コミュニケーションが比較的容易である。つまり、日本では元気のないブランドを活性化させる「テコ入れ効果」よりも、新しいブランドによる「鮮度効果」の方が有効になりやすいのである。五〇歳以上の女性をターゲットとした通販サイト「ハルメク」は、二〇一六年に「いきいき」からブランド変更されている。

最後に、新しいブランドで新しい市場を狙う戦略が「ブランド開発」である。経験のない市場に、消費者に知られていないブランドで参入するので、最もリスクの高い戦略といえる。典型的なハイリスク・ハイリターン型の戦略である。「ニュートン」などの冷凍冷蔵装置を主力とする前川製作所にとって、自動脱骨ロボット「トリダス」は、新しいブランドで新しい市場を狙ったブランド開発の良い例である。

トリダスが市場導入されるまで、鶏もも肉の脱骨作業の大半は人手によって行われていた。大変な労働であり、長年にわたりこの作業を続けていると、腱鞘炎になってしまう作業員もいた。鶏のももは軟らかくて形も一定ではないため、従来型のロボットでは適切に扱えなかった。それだけに、開発のスタートから試行錯誤を重ね、市場導入までに一〇年以上も要する挑戦的なプロジェクトとなった。

もしトリダスのような先発であれば、当該ブランドと製品カテゴリーとを結びつけるブランド連想戦略を進めるとよい。逆に後発であれば、先発ブランドといかにして差別化するか、いかにしてサブカテゴリーを創造するか、などが課題となる。既存ブランドを廃止することなく、ポジショニングの異なる新しいブランドを追加する場合も、この枠の中で検討すべきである。

②ブランドの採用戦略

一口にブランドといっても、その冠し方には様々な選択肢がある。一般には、後で述べる五つのタイプがあるが、どのタイプを採用したらよいのかに関する意思決定がブランドの採用戦略である。ブランドの採用戦略は、標的市場の相対的類似性、製品ライン間のイメージや競争地位の相対的類似性という二つの次元によって整理できる（図表3－8）。

図表 3-8　5つの採用戦略

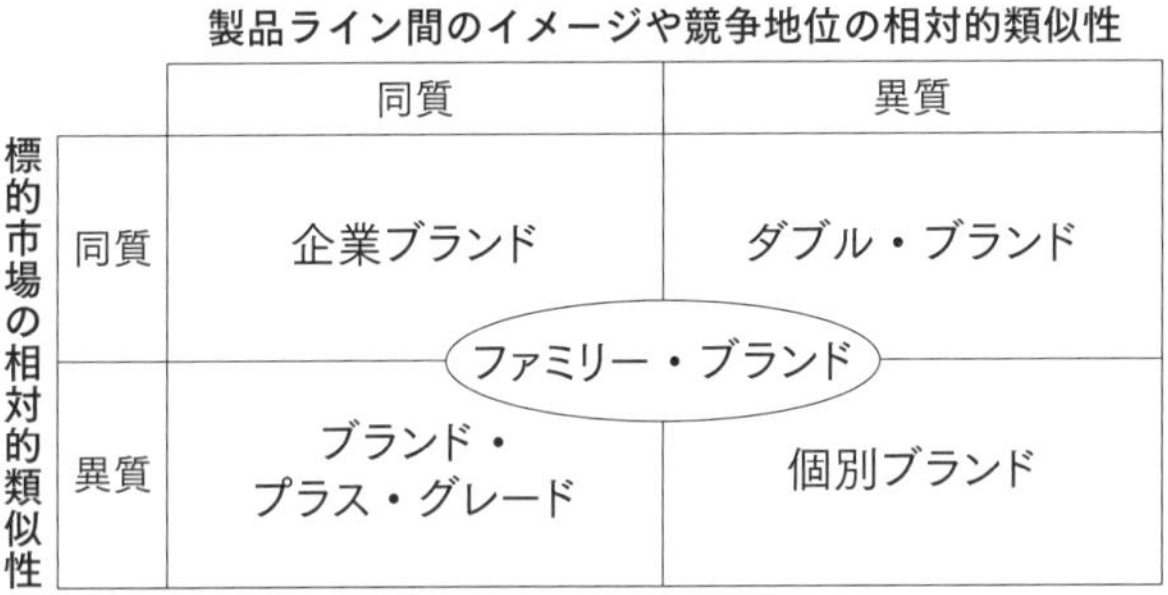

扱っている製品ラインの標的市場が同質的で、しかも、製品ライン間のイメージや競争地位も同質的である場合、全ての製品ラインに同一ブランドをつける「企業ブランド」戦略を採用するとよい。個々の製品ラインをそれぞれにコミュニケーションするよりも、統一されたイメージで訴求する方が有効だからである。「ＩＨＩ」「ナイキ」「とらや」などのように、企業ブランドでは社名や社名の一部が利用されることが多く、コーポレート・ブランドとも呼ばれている。

逆に、標的市場が異なるだけでなく、製品ライン間のイメージや競争地位も異なる場合には、製品ライン別に異なったブランド名をつける「個別ブランド」戦略がよく用いられる。統一的なコミュニケーションを展開することの根拠がないので、異なったブランドを採用して、個々の製品ラインの特徴を訴える。例えば、ペットフードの「ペディグリー」「カルカン」、チョコレート菓子の

「スニッカーズ」「M&M'S」などを販売するマースジャパンは、個別ブランド戦略をとっている。個々のブランドの知名度は高いが、社名を知っている人は少ないのではないだろうか。標的市場は同質的であるが、製品ライン間のイメージや競争地位が異質的であると、統一的なブランドと個々の異なるブランドを組み合わせる「ダブル・ブランド」戦略が有効になる。ターゲットが同じであることは、共通のブランドを採用し認知度を高める根拠となり、個々の製品ラインの特徴は、もう一つのブランドで対応する。「キリンラガー」「キリン一番搾り」などのように、ビール会社は企業ブランドに個別ブランドをつけている。ビール会社や日用雑貨会社など、日本ではダブル・ブランド戦略をとる企業が多いようである。

標的市場は異質的であるが、製品ライン間のイメージや競争地位が同質的である場合、統一的なブランドにグレードを加える「ブランド・プラス・グレード」戦略で対応できる。消費者が製品から受けるイメージは同質的なので、ブランドに何らかの共通部分を存在させるとよい。しかし、標的市場の違いを明確にしなければならず、これはグレードによって対応する。ドイツのBMWは、8シリーズから1シリーズまで、数字の違いで車種を識別している。また、「プラチナ」「ゴールド」などのように、クレジットカード会社はカードの色の違いでこの戦略をとっている。

二つの次元のいずれもが中程度である場合、製品ライン群を何らかの共通性に応じていくつかに分け、それぞれに異なったブランドを与える「ファミリー・ブランド」戦略が適している。製品ライン群に「キャデラック」「シボレー」「GMC」などのブランドをつけているアメリカの自動車会社GMが良い例である。

③ブランドの拡張戦略

米国ホンダは自動車、オートバイ、芝刈り機、マリンエンジン、除雪機、雪上車という六製品を「ホンダ」ブランドで販売した。このため同社は、「ガレージに六つのホンダを」という秀逸なキャッチフレーズでコミュニケーション活動を展開した。

ブランド拡張とは、ある製品で成功をおさめたブランドを、別の製品カテゴリーにおいても用いることである。エステーの冷蔵庫用脱臭剤「脱臭炭」は、冷蔵庫用や野菜室用だけではなく冷凍室などで用いられている。エステーはこの脱臭炭ブランドを利用して、ごみを捨てる時などに異臭を防ぐために包んだり丸めたりして使う「ニオイとり紙」を市場導入し、ブランド拡張を進めた。同様に、リビングや玄関の消臭芳香剤ブランドとして定着している「消臭力」も、「洗濯槽クリーナー」「トイレクリーナー」「ふとん消臭スプレー」「生ゴミ用スプレー」へとブランド拡張を展開している。新製品を市場導入する場合、新しいブランドを構築するよりも、過去に築き上げられているブランド・ネームを利用する方が容易に進む。

コスト面でも後者の方が明らかに優る。そのため今日では、多くの新製品がブランド拡張によって市場へ導入されている。

しかし、ブランド拡張にもいくつかの問題点がある。ブランド拡張による新製品が失敗すると、当該ブランド全体のイメージが悪化し、オリジナルの製品にまで悪影響を及ぼしてしまう。また、ブランド拡張に頼りすぎると、新しいブランドを構築する機会を逸することにもなる。そのため、ブランド拡張の実施にあたっては、ブランドの特徴や拡張先にしたいと考えている新製品の特徴などを慎重に検討して進めなければならない。

ブランド拡張の可能性は、ブランド連想の枠組みを用いて検討するとよいだろう。もしあるブランドが製品カテゴリーと強い連想を有していたならば、そのブランドを別の製品カテゴリーに拡張することは難しい。例えば、ジーンズという製品カテゴリーと強い結びつきを有するリーバイスは、ジーンズ以外の製品カテゴリーへ拡張しにくいブランドといえる。

一方、顧客便益、利用状況、利用者などと結びついているブランドは、異なる製品カテゴリーへの拡張可能性が高い。かつてドールは、パイナップルやバナナという限られた製品のブランドであり、連想もそうした具体的な果物と強く結びついていた。そこで、ブランドを拡張するにあたり、ドールはコミュニケーションによって「おいしくてヘルシー」という顧客便益との間に連想を生み出し、野菜やジュースへのブランド拡張に成功した。

図表 3-9　ブランド・ビルディング・ブロック

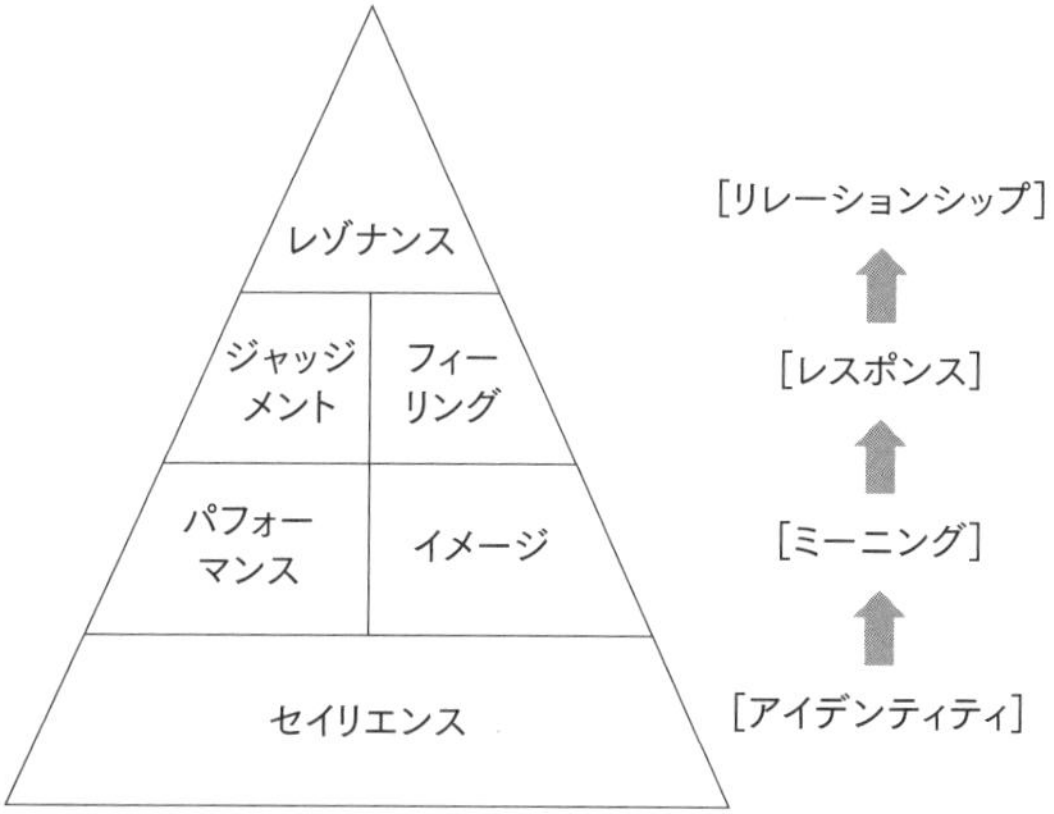

出典：Kevin L.Keller (2008), *Strategic Brand Management and Best Practice in Branding Cases,* 3rd ed., Pearson Education（恩蔵直人監訳（2010)、『戦略的ブランド・マネジメント、第3版』東急エージェンシー、68ページを一部改訂）.

ブランドの構築を考える

堅固な建物の建造には基礎からの積み上げが必要なのと同様に、強固なブランドの構築には一連のステップが求められる。ケビン・ケラーは、強いブランドを構築するための手順として、「ブランド・ビルディング・ブロック」という枠組みを提唱している。この枠組みに従うと、強いブランドとは、アイデンティティ、ミーニング、レスポンス、リレーションシップという四つのステップを辿ることで構築される。四つのステップは、ピラミッド型の六つのブロックに置き換えられており、ブランド構築を考えるマネジャーは、ピラミッドの下層から頂点を目指すことにより、自らが何をすべきかについて把握できるようになっている（図表3―9）。

アイデンティティを実現するためには、セイリエンス（突出性）を生み出さなければならない。ブランド・ネームを覚えてもらうことは当然として、ロゴやシンボルについても顧客のマインド内に刷り込むことが望まれる。文字を読めない人々が多い発展途上国へ行っても、コカ・コーラだけは認識されている。もちろん、英語の文字によって認識しているのではなく、ロゴやボトルのデザインによって認識しているという。つまり、担当しているブランドが「トップ・オブ・マインド」として、ターゲットによって容易に思い出してもらえる必要がある。同時に、限られた状況だけではなく、幅広い購買状況や使用状況において思い出してもらえる必要がある。スープのキャンベルやクノールは、スープの消費シーンを夕食だけでなく朝食や昼食にまで拡大し、認知の幅を広げようと試みた。

ミーニング（意味合い）は大きく二つに分かれている。理性面でのブランド・パフォーマンスと感性面でのブランド・イメージである。こうしたミーニングは、顧客による実際の使用や消費によって形成されることもあれば、広告やクチコミなどの外部情報によって形成されることもある。製品はブランド・エクイティの中核であるため、製品そのもののパフォーマンスが劣っていれば、強いブランドなど構築できない。当該製品が満たすべき実用的かつ経済的な水準を最低限上回っていなければならない。一方、ブランド・イメージは、どのような組織や人物によって購入されているのか、どのようなチャネルで販売されているのか、どのようなブランド・パーソナリティを有しているのか、どのような伝統を有しているのか、などによって形成されている。

第三段階のレスポンスは、ミーニングによって引き起こされるステップである。ここでも、ジャッジメントとフィーリングの二つに分けることができる。ジャッジメントとは顧客が有する個人的な意見や評価であり、フィーリングとは顧客が有する個人的反応である。ジャッジメントはパフォーマンスに対する反応なので理性的であり、フィーリングはイメージに対する反応であるため感性的であるといえる。

最後のステップはリレーションシップの構築であり、ブランド・レゾナンスの引き上げによって実現される。ブランド・レゾナンスとは、顧客がブランドに同調している状態を説明している。ハーレーダビッドソン、ナイキ、アップルなどは、強いレゾナンスを実現しているブランドと考えてよいだろう。こうしたブランドの顧客たちは、同一ブランドを繰り返し購入するばかりではなく、ブランドとの間に心理的なきずなを醸成し、場合によっては自身がブランドの伝道師としての役割を果たす。

強固なブランドは偶然には生まれない。前に述べてきたようなステップを着実に積み上げて初めて生み出される。担当しているブランドは、どのレベルまで到達しているのか。あるいは、何が不足しているのか。ブランド・ビルディング・ブロックの枠組みによって、我々は有益な示唆を得ることができる。ブランド構築に手抜きは許されない。ピラミッドのブロックを一つひとつ積み上げることが、手間暇はかかっても、実は一番の近道なのである。

七つのブランド要素

ブランドの重要性を説明し、ここまでブランド全体としてのマネジメントの枠組みを解説してきた。最後に、ブランドをいくつかの要素に分けて検討してみよう。具体的には、「ネーム」「ロゴ」「シンボル」「パッケージ」「スローガン」「キャラクター」「ジングル」の七つである。

ネームとは、ブランドの名称そのものである。ネームが優れていれば、それだけ有利なブランド・マネジメントを展開できる。アメリカで実施されたある調査によると、同じ女性であっても今日的な名前で紹介された場合と古くさい名前で紹介された場合とでは、前者の方がより好ましい印象で受けとめられるという。つまり、実体は何ら変わらなくても、ネームが変わることにより人々の評価は異なるわけだ。

一般には、ソニー、アップル、インテルのように短くて、発音しやすく、響きの良いネームが好まれている。しかし、多少長いネームであっても、マクドナルドのマックのように愛称を有していたり、マックスマーラのように韻を踏んでいたりしていれば、良いネームとして考えることができる。

ロゴとは、ブランドのネームもしくはその一部を独特の書体で描いたものである。ブランドはロゴと一体となって、聴覚だけではなく視覚に訴えることができる。ティファニーでは、全て大文字でTだけを少し大きめに描いたロゴが用いられている。コカ・コーラにも、響きの良いネームとともに、流れるように描かれたロゴがある。

ロゴと同様にシンボルも、ブランドの価値やメッセージを象徴する視覚的要素である。アップルの一口かじられたリンゴ、ナイキのスウォッシュ、キッコーマンの亀甲、ラルフローレンのポロ選手などは、いずれも文字ではないが、他のブランドとの識別的な役割を果たすとともに、ブランド全体の象徴となっている。

製品のなかには、パッケージが重要な役割を果たすものがある。サントリーの「伊右衛門」には竹を連想させるペットボトルがあり、ロッテの「コアラのマーチ」には六角柱が採用されている。どちらも、それだけでブランドのユニークさを明確に伝えている。独特なパッケージの形状や素材やデザインによって、ブランドの存在感が高められている。

優れたブランドには優れたスローガンが備わっている。スローガンとは、ブランドの価値や特徴を短いフレーズに圧縮したものである。スローガンは広告キャンペーンと密接に結びついており、繰り返し人々に刷り込むことで大きな影響力を有するようになる。高級時計ブランドとして有名なパテック・フィリップの「Begin Your Own Tradition」をはじめ、ナイキの「JUST DO IT.」、BMWの「The Ultimate Driving Machine」、ロッテの「お口の恋人」、資生堂の「一瞬も一生も美しく」などのスローガンはよく知られている。

キャラクターとは、シンボルの特殊タイプであり、架空あるいは実在の人物や動物などをかたどったものである。ダイキン工業のぴちょくん、全労済のピットくん、エステーのひよこなどがある。独自のキャラクターを有するブランドもあれば、芸能人などを利用するブランドもある。

最後はジングルである。テレビ広告をみていると、コマーシャルに結びついた音楽やリズムを耳にすることがある。ジングルとは、あるブランドに関する音楽によるメッセージである。ジングルは、当該ブランド特有のオリジナル曲と既成曲とに分けることができる。前者には、「カステラ一番…」で始まる文明堂のジングル、「この木なんの木…」で始まる日立製作所のジングル、後者には山下達郎（作詞・作曲・歌）の「クリスマス・イブ」を利用したJR東海のジングルなどがある。他にも、キリンのコマーシャルや森永のコマーシャルで流れる短いリズムだけのジングルもある。

強いブランドを構築するためには、上述した七つの要素を適切にマネジメントしなければならない。適切であるためには、まず個々の要素が記憶しやすくて意味的に優れている必要がある。しかも、ブランド拡張によって製品カテゴリーを越えた場合や海外展開によって国境を越えた場合、不都合が生じてはならない。かつて、あるブランドを海外展開した際、ブランド・ネームが現地の発音でおかしな意味にとられて大失敗したという例がある。

もう一つ大事なのは、要素間のバランスである。要素全体の相乗効果を利用して、ブランドの世界観や意味を伝えなければならない。

第4章

顧客価値の伝達

1　流通は価値を伝達する

インターネットの発達により、多くの企業はわずかなコストで顧客と接点を持てるようになっている。顧客側からも、海外の小さな企業を自ら探し、製品を注文できるようになっている。そこで、流通業者を利用することなく、自社製品を顧客に直接販売しようとする企業が増えつつある。

上記のような場合、流通業者は取引に参加できない。しかし、流通業者を排除できたとしても、流通業者が果たしていたチャネル機能を排除することはできない。販売、資金調達、情報収集、リスク負担、輸送、保管など、それまで流通業者が果たしていたチャネル機能は製造業者が引き受けることになる。つまり、チャネル機能を自社で遂行する場合と流通業者に任せる場合のコストや効果を比較して、どちらが優っているかを判断して流通チャネルは決定されるのである。

多くの企業は自社製品を顧客に届けるために、依然として流通チャネルを利用している。いかに素晴らしい製品であっても、顧客の手が届かない場所に存在していたのでは売上げに結びつかないからだ。流通チャネルとは、製品を顧客の手元にまで届けるべく努力する組織の集合体であり、マーケティングではプレイス（Place）として四つのPの一つに位置づけられている。顧客価値という視点で説明するならば、いかに大きな価値が創造されたとしても、供給者と需要者は地理的にも時間的にも隔離していることが多く、その価値を顧客の手元にまで伝達しなければ顧客にとっても社会にとっても意味をなさない。顧客価値は流通によって顧客に伝達されるのである。

「最大の変化が生じるのは、製造や消費の方法ではなく、流通チャネルにおいてである」とピーター・ドラッカーは述べている。流通チャネルにおける革新は、顧客価値の伝達を一変させ、市場競争そのものを大きく塗り変えてしまう。市場競争の大きな変化には流通革新が伴っているともいえる。インターネットを利用した書籍販売のアマゾン、オフィス用品の翌日配送サービスに乗り出したアスクル、コンビニエンスストアでドリップ抽出コーヒーの販売やATMサービスに乗り出したセブン‐イレブンなどを思い浮かべてほしい。どのようなチャネルで顧客に価値を伝達するかは、極めて重要なマーケティング課題なのである。

総取引数を最小にする

流通チャネルを用いることなく自社製品を顧客に直接届ける販売方法は、ダイレクト・マーケティングと呼ばれるが、多くの企業はダイレクト・マーケティングを展開するだけの資源を有していない。特に、菓子や日用雑貨などの最寄り品、衣料などの買回り品は、地理的に拡散した多くの店舗で販売されるべきであるが、一企業が自社製品のために膨大な販売ルートを独自に運営することは難しい。

何よりも、生産者側は限られた種類の製品を大量生産する傾向にあり、購買者側は多数の製品を少量ずつ購入する傾向にある。売り手側と買い手側の志向の違いが、流通チャネルの重要性を決定的なものとしているのだ。こうした志向の違いは、流通チャネルを介在させることによって経済的に解決できる。図表4－1は、生産者と顧客との取引に、流通業者が存在していない場合と存在している場合を比較したものである。三つの生産者はA、B、Cという異なる製品をそれぞれ生産しており、X、Y、Zという三人の顧客は三つの製品をそれぞれ必要としているとしよう。

流通業者が存在していない場合には、A、B、CはX、Y、Zにそれぞれダイレクト・マーケティングを実施しなければならず、全体で九件の接触が必要になる。一方、流通業者（M）がこの取引に介在すると、三つの生産者は流通業者とだけ取引をすればよく、三人の顧客もまた流通業者とだけ取引をすればよい。その結果、接触は六件となり、総取引数が削減されることになる。もちろん、二つの場合における接触一件あたりのコストが等しいとは限らず、単純にコストが三分の二になるとはいえない。しかし、流通チャネルの存在理由を説

図表 4-1　総取引数からみた流通業者の存在理由

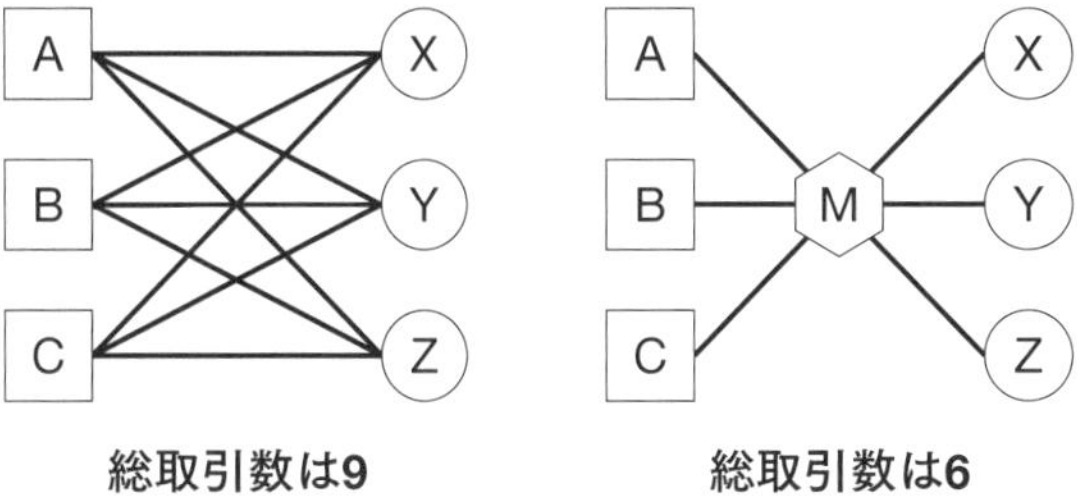

明する上で、非常に分かりやすいモデルを提示しているといえるだろう。

生産者は流通チャネルの利用により、自社製品を効率良くターゲットの手元に届けることができる。しかし、流通チャネルも万能ではなく、いくつかの問題点を有している。例えば、流通チャネルのメンバーは生産者の意向を常に尊重するわけではない。そのため、生産者は自社製品をいつ、どこで、誰に、どのように販売するのかについてコントロールできなくなってしまう。場合によっては、生産者と流通チャネル・メンバーとの間で利害が対立してしまうこともある。

流通チャネルの段階数

流通チャネルにおける段階数は一様ではない。多段階のチャネルもあればシンプルなチャネルもある。生産者と最終顧客はどのチャネルにも存在するので、チャネルの段階数は仲介業者の数によって規定される。

最も短いチャネルはゼロ段階である。生産者と最終顧客との間に仲介業者は存在せず、両者が直接取引をするのでダイレクト・マーケティング・チャネルとも呼ばれる。訪問販売、ネット販売、テレビショッピングなどでは、このチャネル形態がとられている。ポーラは訪問販売によって化粧品を販売し、同様にヤクルトはヤクルトレディが顧客のもとに乳酸菌飲料を届けている。近年では、インターネットの普及により、インターネットを利用したダイレクト・マーケティングが盛んに行われるようになっている。

仲介業者が一つ加わると、一段階のチャネルになる。消費財市場では消費者が最終顧客となるので、一段階のチャネルにおける仲介業者は小売業者となる。家電製品などのメーカーは、まず大手流通業者に製品を販売し、その大手流通業者を通じて消費者の手元にまで製品を届けている。

仲介業者が二つ加わると、二段階のチャネルになる。消費財市場では、生産者と小売業者の間に一つの卸売業者が介在することになる。さらに、仲介業者が三つになると、三段階のチャネルになる。この場合、生産者と小売業者の間に二つの卸売業者が介在することになる。食品、日用雑貨、医薬品などの生産者は、二段階のチャネルや三段階のチャネルを用いている。

チャネルの段階数が増えると、一般に生産者の負担は軽減される。チャネルの各段階がリスクを負担したり、市場情報を収集したり、需給の調整役を果たしたりしてくれるからだ。しかし、段階数が増えることでコントロールは困難になり、自社製品の価格設定や売り方において、生産者の思うようにはならなくなる。

もちろん、ある生産者が用いるチャネルのタイプは、一種類であるとは限らない。ダイレクト・マーケティング・チャネルを用いるとともに、一段階のチャネルや二段階のチャネルを採用している企業は少なくない。例えば、アップルはｉＰｈｏｎｅを直営店であるアップルストアだけではなく、ビックカメラやヨドバシカメラなどの家電量販店、さらにはａｕショップやドコモショップなどを通じて販売している。

ナイキも複数のチャネルを使い分けている。一般的な顧客を狙った通常のスポーツ用品店、都市部のロイヤルユーザーを対象としてナイキの全ラインを扱うナイキストア、最新モデルを中心に富裕層を対象とした百貨店、価格に敏感な顧客層向けに値引きモデルを扱う量販店、さらには見切り品を扱うファクトリー・アウトレットがある。こうした複数のチャネルの採用は、ハイブリッド・マーケティング・チャネルと呼ばれており、異なる市場セグメントを狙う場合に適している（図表4－2）。生産者は様々なチャネルの選択肢から、最適な組み合わせを導出しなければならない。

なお、我が国のチャネルの段階数は、欧米のチャネルの段階数に比べて多いことが以前か

図表 4-2　ハイブリッド・マーケティング・チャネル

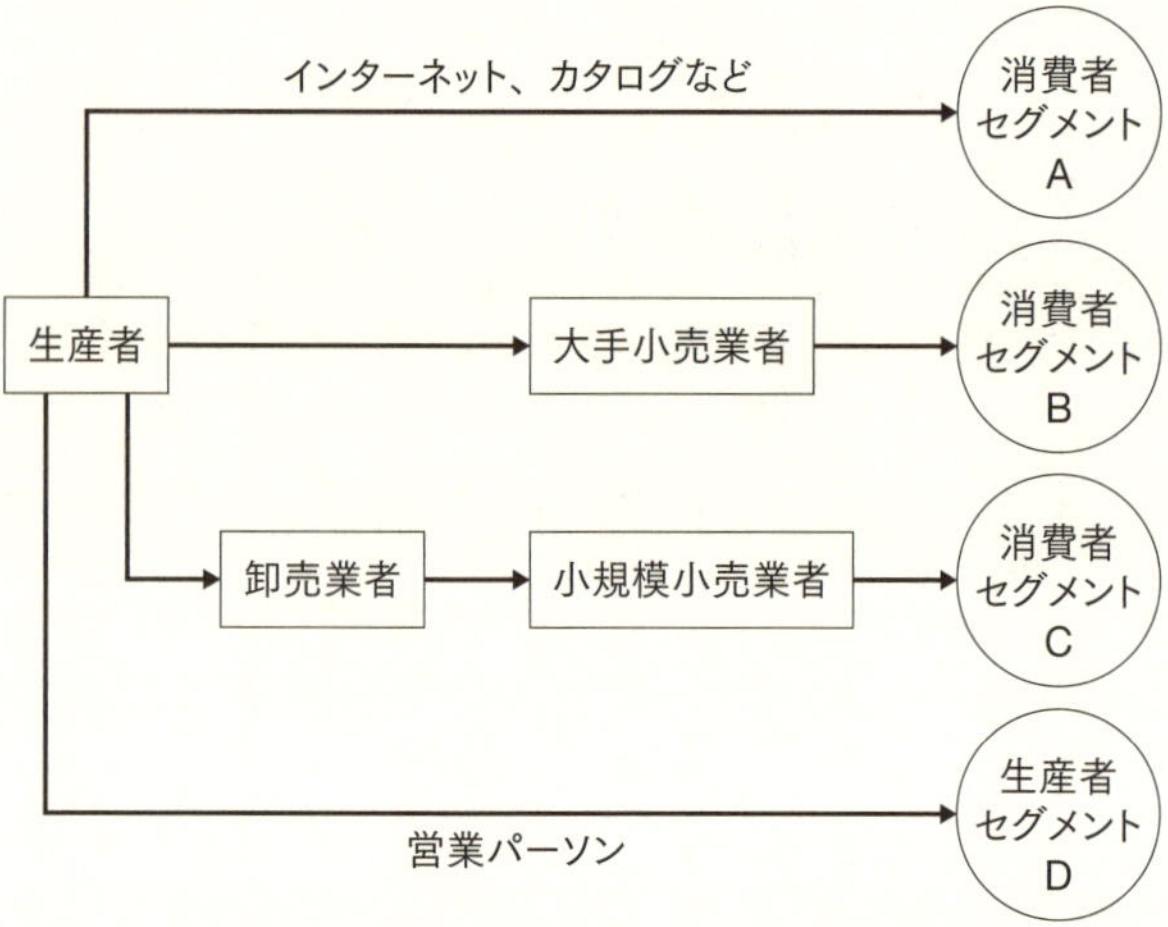

ら指摘されている。これは、W／R比率によって把握できる。W／R比率とは、卸売業販売額（ただし、産業用使用者への販売と海外への販売を除く）を小売業販売額で割ることによって求められる。もし、ある製品のチャネルが多段階であれば、卸売業者間での販売が繰り返されるため分子が大きくなり、この値は大きくなる。W／R比率は製品カテゴリーによって異なるが、我が国では多くの製品で二を超えているようである。

近年、マーケティング・チャネルの実務では、オムニチャネルという考え方が浸透している。オムニとは「全て」という意味であり、オムニチャネルを実施することにより、あらゆる販売チャネルを統合し、顧客に対する利便性が高められる。実店舗による販売、テレビによる通販、自社サイトによる販売など、企業は様々なチャネルを通じて製品を販売するとともに、顧客は希望する販売チャネルで製品を入手できる。

従来からのハイブリッド・マーケティング・チャネルという考え方では、複数のチャネルを利用していても、各チャネルがそれぞれ独自に展開されていた。しかし、このオムニチャネルによると、顧客はウェブで注文して、実店舗で製品を入手するなど、チャネル間の融合が進められる。モバイル端末の普及により、顧客はいつでも購入の意思決定ができるようになっており、そうした情報環境の進化に応じてマーケティング・チャネルも進化をしているのである。

仲介者の数

チャネルの段階数が決まったならば、各段階で用いられる仲介者数を決定しなければならない。その際、大きく分けて三つの考え方がある（図表４－３）。

第一は、排他的流通政策であり、この考え方のもとでは仲介業者の数が厳しく制限される。高級車や高級宝飾品などでは、自社ブランドのイメージをコントロールする必要がある。そのためには、できる限り価格を維持し、適切なプロモーションを展開し、高水準のサービス

図表4-3　仲介者数と流通政策

	仲介者数	コントロール	適した製品
排他的流通政策	少ない	強い	高級車、高級宝飾品など
選択的流通政策	中程度	中程度	衣料品、家電製品など
開放的流通政策	多い	低い	スナック菓子、日用雑貨など

を提供しなければならない。そこで、いくつかの生産者は特定エリアにおける仲介業者数を絞り込み、彼らと強力なリレーションシップを構築し、排他的に製品を販売してもらおうとする。

高級時計として有名なブレゲ、ケリーバッグで有名なエルメス、高級車の代名詞にもなっているメルセデスベンツなどでは、この排他的流通政策が採用されている。

第二は、選択的流通政策であり、この考え方のもとでは取引を希望する仲介業者の中からいくつかが選択される。ブランド・イメージの維持や売上規模などを考慮すると、取引を希望する仲介業者の全てが望ましい業者とは限らない。取引を始めても、利益に結びつかない場合もあれば、取引をすることによりブランド・イメージを傷つけてしまう場合もある。そこで、いくつかの生産者は、重要性の低い仲介業者は選択せず、選択したチャネル・メンバーと良好な関係を構築しようとする。

例えば、紳士服や婦人服を販売しているブルックスブラザーズやラルフローレンは、百貨店などで販売されているが、全ての百貨店ではなく選ばれた百貨店で販売されている。家具、スポーツ用品、家電製品などでも、この選択的流通政策が採用されている。

第三は、開放的流通政策であり、この考え方のもとでは、できる限り多くの仲介業者との取引が進められる。清涼飲料、スナック菓子、日用雑貨、タバコなどでは、この流通政策が最も一般的になっている。コカ・コーラでは、かつて「手を伸ばすとそこにコークがある」といったキャンペーンを展開し、コンビニエンスストアやキオスクなどの小売店はもちろん、様々な飲食店や自動販売機において自社製品の販売を進めてきた。開放的流通政策が用いられやすい製品カテゴリーでも、ユニークな製品特徴を有しておりターゲットが絞り込まれていると、選択的流通政策を採用することがある。「白い恋人」で有名な石屋製菓は、北海道旅行者というターゲットを考慮して、自社製品の販売チャネルを意図的に制限している。

多くの企業は売上げ増を狙って、開放的流通政策に乗り出そうと考えている。ところが、短期的な売上げ増は実現できても、長期的にみるとマイナスの効果をもたらしてしまうことがある。チャネル数が増えると、値崩れが進んだり、既存のチャネルとの軋轢（あつれき）が生じたり、ブランド・イメージが低下するなどして、やがて顧客からの支持を失ってしまう。リーバイ・ストラウス社は、かつてジーンズの販売チャネルをあまりにも広げすぎて、

図表 4-4　垂直的マーケティング・システム

	コントロール力	投資負担	リスク
企業型VMS	高	高	高
契約型VMS	中	中	中
管理型VMS	低	低	低

ブランド・イメージを低下させてしまったという経験がある。

垂直的マーケティング・システム

マーケティング・チャネルのメンバーは、独立した企業によって構成されていることが多い。具体的には、独立した生産者、独立した卸売業者、独立した小売業者などである。このような場合、各メンバーはどうしても自らの利益を優先させるため、チャネル全体の効率が損なわれたり、様々なコンフリクトが発生したりする。独立した企業によって構成されるチャネルは、伝統的マーケティング・チャネルと呼ばれている。

これに対して、生産者、卸売業者、小売業者が統合されたシステムとして機能するチャネルは垂直的マーケティング・システム（VMS）と呼ばれる。VMSには、大きく分けて三つのタイプがある（図表4－4）。

第一は、企業型VMSである。これは、マーケティング・チャネルにおける複数の段階が、特定企業の資本によって統合されている場合である。例えば、いくつかの生産者は、独自の卸売部門として販売会社を運営したり、独自の小売部門として直営店を運営したりしている。花王カスタマーマーケティングやナイキのナイキストアは、生産者による企業型VMSの典型例である。企業型VMSは、生産者の資本だけではなく、小売業者や卸売業者の資本によっても展開されることがある。

第二は、契約型VMSである。これは、マーケティング・チャネルにおける複数の段階が契約によって統合されている場合である。具体的には、小規模な小売業者を支援するために生産者や卸売業者が主宰するボランタリー・チェーン、共同出資により事業体を組織し卸売活動や生産活動などを展開するコーペラティブ・チェーン、フランチャイザーと呼ばれるチャネル・メンバーのもとに生産から流通までの段階が統合されたフランチャイズ・チェーンがある。寝具などで有名な西川産業が主宰する西川チェーンはボランタリー・チェーンの、全国のスーパーマーケットで構成されているCGCジャパンはコーペラティブ・チェーンの、モスバーガーはフランチャイズ・チェーンの、それぞれ代表例である。

第三は、管理型VMSである。これは、ある特定のチャネル・メンバーのパワーによってチャネルの各段階が調整されている場合である。圧倒的な市場シェアを有する生産者や強大な販売力を有する小売業者は、自らのパワーを背景としてチャネルを統合できる。このとき、統合に向けての調整役を果たしている企業はチャネル・リーダーと呼ばれている。大手のコンビニエンスストアやホームセンターは、様々な製品カテゴリーにおいてチャネル・リーダーになりやすい。

コントロール力という点で三つのＶＭＳを眺めると、企業型が最も強く、管理型が最も弱いことが分かる。企業型のコントロール力は高いが、大きな投資が求められるためリスクも大きくなりやすい。管理型ＶＭＳのコントロール力は低いが、ブランド力や企業規模などに起因したシステムなので、追加的な投資をほとんど必要とせずリスクは低い。契約型は両者の中間的な存在といえる。どのようなＶＭＳを採用すべきであるかについては、情報収集費用、危険負担費用、取引契約締結費用など、いわゆる取引コストと呼ばれる諸費用を検討しなければならない。

生産者が企業型ＶＭＳに乗り出し販売会社を有すると、取引活動は同一企業グループで内部化され、情報の流れが良くなり、機会主義的行動が低下するなどして、取引コストは削減される。ところが、販売会社を立ち上げるためには、大きな初期投資やその後の管理費用など、いわゆる内部化コストと呼ばれる諸費用が発生する。そこで、ＶＭＳに乗り出すのであれば、取引コストと内部化コストの比較をしておかなければならない。

図表4-5　5つのパワーと3つのコンフリクト

パワー	コンフリクト
強制パワー	垂直的チャネル・コンフリクト
報酬パワー	水平的チャネル・コンフリクト
準拠パワー	マルチ・チャネル・コンフリクト
専門パワー	
正当性パワー	

五つのパワーと三つのコンフリクト

生産者は、自社ブランドのイメージを維持したり利益目標を達成したりするために、チャネル・メンバーをできる限りコントロールしたいと考える。そのため、以下に述べるようなパワーを駆使して、チャネル・メンバーに圧力を加えようとする（図表4－5）。

最も単純なものとして強制パワーがある。これは、契約の解消や資源の回収をほのめかすことによって発揮される。自社に対する相手の依存度が高ければ効果を発揮するが、むしろ相手の反発を買うことにもなりかねない。

臨時的なインセンティブを用いてコントロールすることもできる。これは、報酬パワーと呼ばれ、何らかの行為に対して与えられる。強制パワーよりも良い結果を生むとされているが、繰り返し用いていると相手が報酬を当たり前と感じるようになり、しだいに効力を発揮しなくなる。「アメとムチ」という言葉があるが、強制パワーはムチに、報酬パワーはアメに例えることができるだろう。

最も好ましいと考えられているのが準拠パワーである。いくつかの生産者は、仲介業者から取引をしたい相手として尊敬され、高く評価されている。仲介業者側が積極的に関係構築を望んでいるので、生産者は比較的容易に自社の主張を通しやすい。他にも、製品や顧客などに関する専門知識に基づいて発揮される専門パワー、法的な根拠に基づいて発揮される正当性パワーなどがある。

ある製品を顧客の手元にまで届けるという共通の目標があったとしても、チャネルの中では様々なコンフリクトが発生する。

まず考えられるのが、段階の異なるチャネル・メンバー間で生じるコンフリクトであり、垂直的チャネル・コンフリクトと呼ばれている。生産者、卸売業者、小売業者は異なる事業主体であり、取引においてそれぞれ自らの利益を追求している。そのため、価格の設定、プロモーションの方針、競合製品の取り扱いなどで、しばしば意見の衝突が起きたとしても不思議ではない。

次は、水平的チャネル・コンフリクトであり、同一段階のチャネル・メンバー間で発生する。この種のコンフリクトは、選択的流通政策がとられている場合に生じやすい。自社のエリアに新たなメンバーが加わったとき、あるいは自社のエリアの既存メンバーが攻撃的な価格設定をしたときなどに発生する。なお、排他的流通政策のもとでは同一段階のチャネル数は限定的で統制された競争が展開されやすく、開放的流通政策のもとでは同一段階のチャネル数が多数で自由な競争が展開されやすい。このような場合には、水平的チャネル・コンフリクトは発生しにくい。

最後は、マルチ・チャネル・コンフリクトである。これは、特定市場に対して生産者が複数のチャネルを用いているときに発生する。例えば、百貨店を用いて販売していたファッション・ブランドが、直営店を開店させたときなどについて考えてみよう。このような場合、百貨店は自社の売上げが脅かされるので、当該ファッション・ブランドに対して苦情を申し立てるだろう。

大幅な割引を売り物としたアウトレットモールが各地にオープンしているが、アウトレットモールは既存店舗からすると脅威であり、コンフリクトの原因となりやすい。従って、軽井沢プリンスショッピングプラザや御殿場プレミアム・アウトレットなどのように、多くのアウトレットモールは、既存店舗と直接的な競争が生じにくい大都市圏から離れた場所に立地している。

2　営業を革新させる

マーケティングにおいて営業の研究が取り上げられるようになったのは、それほど古いことではない。製品、流通、広告、そして価格などに関しては、これまで様々な研究が進められ、また実務面での革新も繰り返されてきた。ところが、営業にアカデミックのメスが入れられるようになったのは、一九九〇年代に入ってからのことである。戦後、大量生産と大量販売を実現する形で確立していった営業スタイルが、多くの企業に浸透し長期にわたり支持されてきた。優れた営業パーソンの成功体験やハウツーを述べた実務書の多さからもわかるように、過去の体験をしっかりと伝え、気合と根性さえ吹き込めば十分通用したともいえる。

ところが、バブル経済の崩壊後、日本企業は大きな試練に直面することになる。長引く景気低迷を打開するために、あらゆる方策を試みる必要が出てきた。こうした折、浮かび上がってきたのが営業の抜本的見直しである。先進的企業の経営者たちは、営業に科学的な分析や理論的枠組みを導入し、少しでも効率的で効果のある営業活動を展開したいと願うようになった。

営業はセリングとは異なる

営業とはどのように捉えたらよいのだろうか。マーケティングという学問がアメリカからの輸入であることはよく知られている。製品戦略にしても価格戦略にしても、アメリカで生まれ育った理論や手法が日本に紹介され浸透していった。ところが、営業に相当する概念はアメリカには存在しておらず、一番近い概念として人的販売（セリング）が知られている。

アメリカにおけるセリングはシンプルであり、取引そのものに焦点を当てている。製品の便益、特徴、価格などといった価値を顧客に伝えることがセリングの焦点となる。これに対して、日本の営業では取引そのものに加えて、顧客との信頼関係を構築し、付加的な部分とともに価値を伝えようとする。この付加的な部分で商談の決着がつくことも少なくない。つまり、販売内容の価値を単に伝えるだけではなく、顧客価値を巡ってイベントを実施したり競合分析を実施したりするなど、多種多様な活動を遂行することになる。我が国の営業は、アメリカにおけるセリングを大きく超えた活動領域からなるのだ。

では、我が国の営業活動はどれだけの広がりを有するのだろうか。富士ゼロックス総合教育研究所が我が国の有力企業九一〇社を対象に実施した調査によると、営業マネジャーは販売活動以外に平均五・三の活動を負担している。この活動には、売上管理、競合分析、情報管理、価格決定など販売活動に比較的近いものだけではなく、市場調査、商品企画、物流、

図表 4-6　営業マネジャーの活動領域（n = 389）

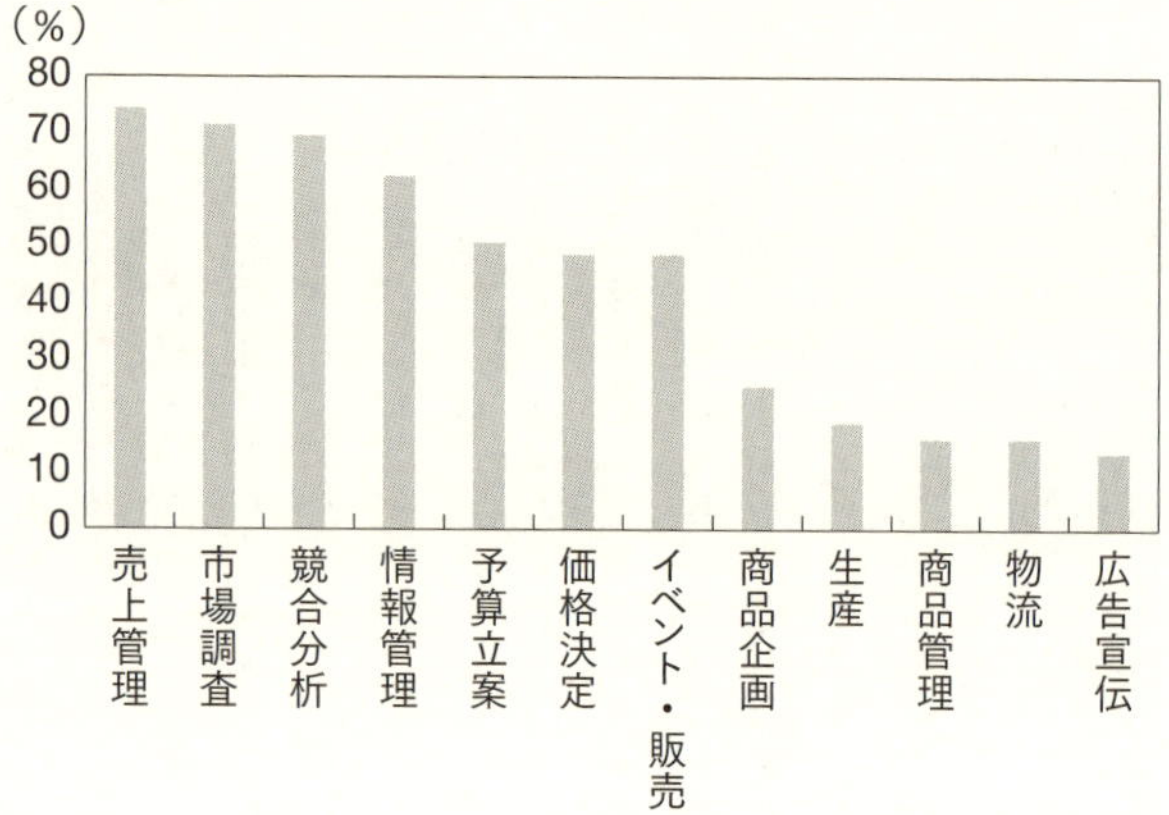

広告宣伝、生産などアメリカのセリングとはかなりかけ離れた活動も含まれている（図表4―6）。

とはいえ、営業はマーケティングと同じほど広い概念ではない。マーケティングにはポジショニングやブランド・マネジメントなど、営業活動以外の領域が含まれている。つまり営業とは、人的販売を中核として、価値を顧客に伝達するためのあらゆる人的活動ということができるだろう。

販売プロセスの七つの段階

効果的な新製品開発を目指して新製品開発プロセスが提案されているように、人的販売では七段階からなる販売プロセスが提案されている（図表4―7）。販売は属人的な部分が多く、個

図表4-7　7つの販売プロセス

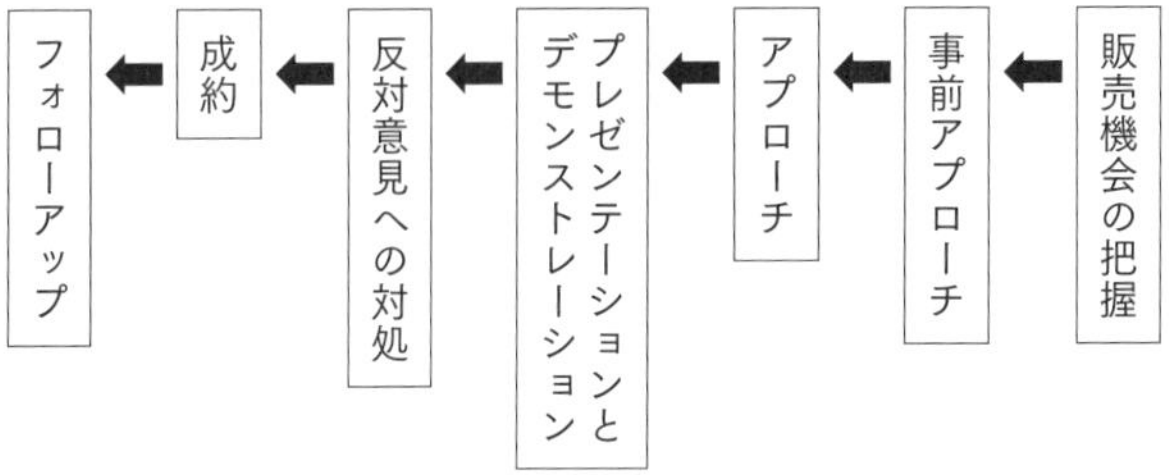

人のパーソナリティーに左右されやすい。しかし、販売員たちは勘や経験だけで販売活動を展開しているわけではない。販売プロセスの理解によって、効果的な販売活動を展開できるようになる。

販売プロセスの第一段階は「販売機会の把握」である。やみくもに売り込もうとしても、そう簡単に売れるものではない。自動車のような耐久財であっても、物流システムのような生産財であっても、販売は容易ではない。販売員はまず、自社製品の見込み客を明らかにしなければならない。

最も一般的なパターンは、現在取引のある顧客などによる見込み客の紹介である。各種名簿を使ってアプローチしたり、見込み客が所属している組織へ自らも加入したりするなどして、接点を作ることもできる。もちろん、ネット情報などを通じて、見込み客からの問い合わせもある。財務力や関心の高さなどに基づいて、見込み客は「非常に有望」「有望」「可能性は低い」などいくつかのグループに分けられる。

第二段階は「事前アプローチ」である。見込み客が判明したからといって、喜び勇んで訪問してはいけない。販売員は見込み客を訪問する前に、彼らの情報について可能な限り収集しておくべきである。その際、インターネットは有力な情報源となる。もちろん、伝統的な方法ではあるが、知人からの情報も軽視できない。また、事前アプローチの段階において、見込み客の適格性調査なのか、追加情報の収集なのか、その場での成約なのか、といった訪問時の目的を明確にしておくとよい。

第三段階は「アプローチ」であり、見込み客に会って会話をする段階である。第一印象は交渉を大きく左右する可能性があるので、服装、髪型、切り出しの言葉には十分な注意が必要である。髪を染めたり、ジュラルミン製のアタッシュケースを持つなどして、相手への自分の印象づけによって売上げを伸ばしている営業パーソンの話を聞くことがある。だが、優秀であるから奇抜なことができるのであって、奇抜なことをするからといって数字が伸びるわけではない。

第四段階は「プレゼンテーションとデモンストレーション」である。この段階は販売プロセスの中心部分であり、販売対象となっている製品についての解説がなされる。当該製品は見込み客にどのようなベネフィットをもたらし、どのようなコストを削減できるのかといった内容が示される。つまり、見込み客に対して、価値の実態を伝える必要がある。この段階で注意すべき点は、自分ばかり話さないことである。重要ポイントを詰め込もうとする「缶詰型アプローチ」も避けた方がよい。優れた販売員は、話し上手というより聞き上手である。相手に話をさせながら場の雰囲気を理解し、顧客ニーズを汲み取らなければならない。なお、パンフレット、ビデオ、製品見本などの補助材料をデモンストレーションにおいて用いると、プレゼンテーションはより効果的になりやすい。

第五段階は「反対意見への対処」である。見込み客がプレゼンテーションを全面的に受け入れてくれるとは限らない。むしろ反対意見を抱く方が一般的である。反対意見には感情的なものもあれば、論理的なものもある。買い手から反対意見が出たとしても、買い手自身が反対意見に対する答えを見出してくれることもある。熟練した販売員は、反対意見を購入理由に変えてしまったりする。反対意見への対処は、交渉スキルの一種となっている。

第六段階は「成約」であり、契約を完結させる段階である。販売員は見込み客の言葉や行動に注意を払い、成約の信号を見極めなければならない。こうした信号を見落としてしまうと、その気になっている見込み客を逃してしまう。もちろん迷っている見込み客もいるので、値引きをしたり付随サービスを無料提供したりして、相手の意思決定を促すこともある。相手の条件を確認したり、今を逃すと損であることを伝えたり、注文書の作成を手伝うなども、成約のテクニックとして知られている。

第七段階は「フォローアップ」である。製品が売れたからといって、喜んでばかりはいられない。顧客満足を高めるとともに、継続的な取引を実現するためには、適切なフォローアップが欠かせない。具体的には、注文どおりに製品が届けられ、機能しているかどうか、不適切な説明がなかったかどうか、などが確認されなければならない。また、製品の使用上のトラブルについても、一定期間の後に確認しておく必要がある。自動車などの耐久財メーカーをはじめ、化粧品などの非耐久財メーカーにおいても、一定期間後の自社製品の使用状況について尋ねる仕組みを有している。一つの成約は、次の販売プロセスの出発点でもある。

営業革新のダイヤモンド

営業革新が進むことによって、各社の営業のスタイルはしだいに特徴を有するようになっている。ここでは、営業スタイルを五つのキーワード、つまり「行動重視」「企画提案」「心情訴求」「権限委譲」「顧客満足」によって整理してみよう。五つの営業スタイルの出発点は伝統的な行動重視型営業であり、他の四つの営業スタイルは行動重視型から革新していったため、五つの営業スタイルは行動重視型営業を中心に据えたダイヤモンド形で整理することができる（図表4－8）。

図表 4-8　営業革新のダイヤモンド

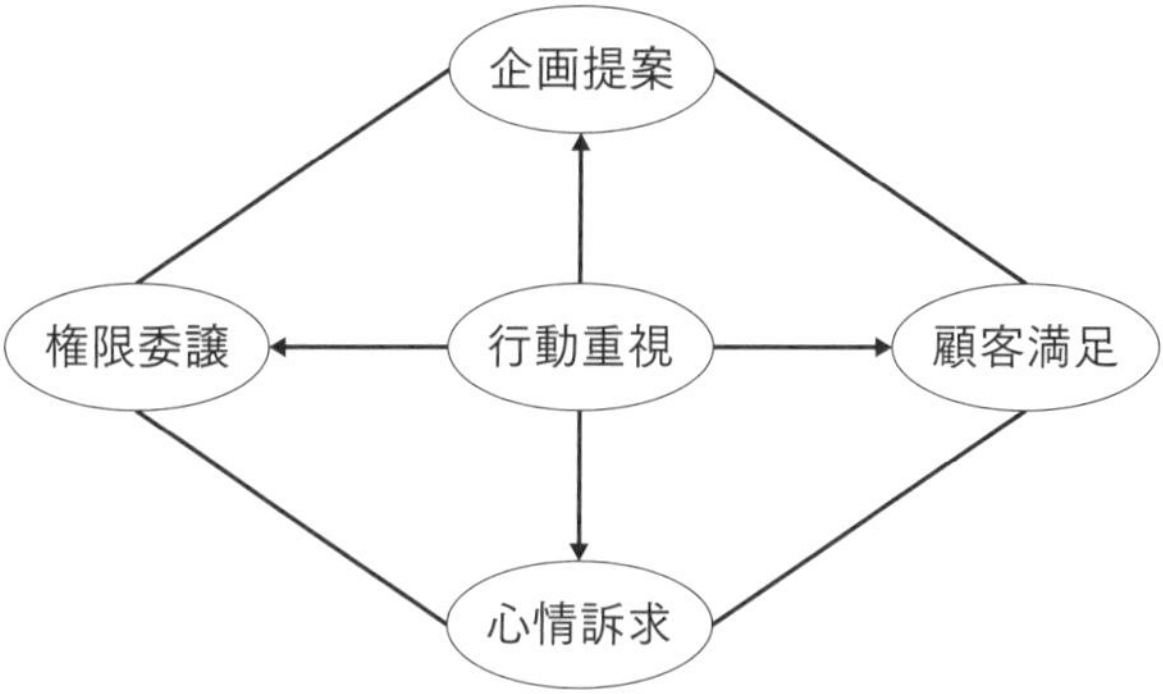

①行動重視

営業を進めるにあたって、とにかく行動を重視する会社がある。例えば、新人に対して、「新規の飛び込みで一日一〇軒回れ。これをやるまで帰ってくるな」と指導する。会議の席では戦争用語が好んで用いられ、営業部隊は「艦隊」や「軍団」などに例えられる。精神面で負けてはダメだ、という意識が社内に浸透している。部下への訓話などでは、非常に分かりやすい言葉で行動を促す。

行動重視は日本企業における伝統的な営業スタイルである。営業活動の結果は、野球の打率のような一種の確率に基づいている。生命保険業界には一〇―三―一の法則があるという。つまり、営業パーソンが一〇軒訪問して保険の説明をできるのが三軒、そして運が良ければそのうちの一軒で契約が取れる。行動重視にはそれなりの論理があるのだ。

個人差はあるだろうが、一つの注文を取るためにはとにかく訪問回数を重ねなければならない。一日のノルマが決められていれば、午前中に一つも注文を取れずに意気消沈していても、午後には気分を入れ替えて再び営業活動に出ていかなければならない。そのうちに、注文を取れることがある。行動を重視するという営業スタイルは、営業パーソンが自分の能力に疑問を持ったり、自信喪失に陥ったりすることをある程度防げるのである。

②企画提案

営業パーソンが顧客に対して積極的に企画を提案したり、顧客のビジネスのコンサルテーションを行うなどして、営業成果を高めている企業もある。こうした企業の営業パーソンは、相手からできるだけ話を聞いて、相手が気づいていないことを示したり、相手に自社との取引の重要性を認識させたりしなければならない。多くの営業パーソンは、話に出てきた表面の取引しかまとめようとしない。それでも、表面の取引を成約へ結びつけることができれば優秀といえる。だが、企画提案のスタイルをとる営業パーソンは、相手が気づいていないニーズを掘り下げ、大きな取引へと発展させなければならない。

かつて、学生時代に体育会などに所属し上下関係で苦労していて、ガッツがあり礼儀正しい営業パーソンが顧客に支持されていた。だが近年では、それだけでは不十分になっている。

優れた企画力や提案力によって、顧客の表面化していないニーズにまで働きかける営業スタイルが重視されつつある。つまり、価値を伝達するだけの営業パーソンではなく、価値の創造や説得にも立ち入ることのできる営業パーソンが求められているのである。

③心情訴求

顧客の心情に訴えかけ、営業成果を高めようとする企業もある。ある保険会社では、「愛」こそ営業の基本であるとして社内に浸透させている。営業パーソンが顧客と接するとき、話し言葉の語尾を明確にし、尋ねられた事柄に正確に回答し、相手を立てて聞き上手にならなければならない。優秀な成績で大学を卒業した人間が、多くの注文を取れるかというとそうではない。相手から好印象を持たれ、熱心であると感じられ、気配りができているといった印象を持たれる必要がある。優れた情報を持っていても、人間的なコミュニケーションができて、顧客から信頼されなければ受け入れられない。営業活動では、顧客に対して配慮を怠らず、敬意を払い、責任感を有し、信頼関係を築き上げなければならない。これらを一つに集約した言葉が愛なのである。

優秀なセールスパーソンの条件を明らかにしたアメリカの研究でも、信頼や信用の重要性が強調されている。この研究によると、注文の大きさとセールスパーソンが説得に費やす努力との間にはマイナスの関係があるという。つまり、大口の注文を取る場合には大きな販売努力を必要としないが、悪戦苦闘の末に取る注文は総じて小口だというのである。セールスパーソンを信頼している顧客は、短時間のうちに大きな発注をし、価格についてもそれほど交渉しないのだろう。

④権限委譲

従業員への権限やパワーの委譲によって、組織に活力を与え、競争優位を導くことができる。営業活動においても、この権限委譲を基本スタイルとして採用できる。北海道と九州で気候が異なるように、競争状況や消費状況は地域によって大きく異なる。当然、本社からの指揮では、対応できない部分が存在する。営業の基本方針の決定だけを本社機能として、戦略や戦術は全て支社、支店に任せている会社もある。

権限委譲がなされると、人事考課も大きく変化する。権限委譲が遅れている会社であれば、新しいことをしなくてもマイナスにはなりにくい。ところが、権限委譲が進むと、目標をどれだけ達成できたかによって評価されるので、何もしなければマイナスになり、仮に失敗しても目標に向かって行動していたのであればプラスになる。権限委譲によって、営業スタイルは大きく変化するのである。

⑤顧客満足

顧客満足を経営の柱に置く会社は多いが、この顧客満足を営業面でも基本スタイルに据えている会社がある。顧客満足を規定している要因は何か、顧客はどのようなときに満足度を高めるのか、こうした情報を徹底的に分析し、分析結果を基に営業活動が展開される。

営業の英雄もいないし、猛烈な営業活動を展開しているわけでもない。しかし、大きな営業成果を達成している企業がある。こうした企業では、顧客に徹底的に尽くし、顧客満足を重視した営業スタイルが浸透していることが多い。他社製品の方が優れていれば、それを顧客に勧めることもある。

例えば、アメリカの家電量販店ベスト・バイでは、顧客第一主義を主張し、顧客の購買習慣を分析している。その結果を用いて、全顧客の約二割に当たる優良顧客を特定し、彼らへの手厚いサービスでリピート購入を高めている。ベスト・バイの経営陣は顧客満足を最重要と考え、自社の営業パーソンたちが顧客たちから、「信頼のおけるアドバイザーであり、夢見た通りにテクノロジーを使えるように手助けしてくれる」とみなされることを目指している。

五つの営業スタイルについて説明してきたが、これらのスタイルは成果とどのような結びつきを有しているのだろうか。日本経済新聞社が我が国の代表的企業四八五社を対象に行った調査によると、行動重視と市場シェアや利益などの成果との間には統計的な結びつきは確

図表 4-9　営業スタイルと成果

	行動重視	企画提案	心情訴求	権限委譲	顧客満足
市場シェアの上昇	—	◎	—	—	◎
利益の上昇	—	◎	○	◎	○
営業満足の上昇	—	—	—	—	—

認できない（図表4－9）。行動重視という営業スタイルは依然として残っているが、それだけでは今日の競争を有利に展開しにくくなっているのだ。

　行動重視だけでは営業の成果を高められないとすれば、どうすればよいのだろうか。分析結果によると、企画提案、心情訴求、権限委譲、顧客満足という四つの営業スタイルのいずれかを強化すると、成果も高まることが明らかにされている。○印は二つの変数間にプラスの相関があり、◎印は強いプラスの相関があることを示している。

　各企業は自社の置かれている市場動向や情報武装などの水準に応じて、新しい営業スタイルを推し進めるとよいだろう。もし市場の透明度が低ければ、企画提案型営業や権限委譲型営業が有力な候補となる。市場の透明度が低いと提供すべきものは不明確となり、顧客とのやりとりを通じて提案を繰り返さなければならないからだ。そうした場合、もちろん現場に近い人々へ権限を委譲した方がよい。

また、顧客満足型営業を実現させるためには、情報武装の水準が鍵になりそうである。

取引マーケティングからリレーションシップ・マーケティングへ

市場が成熟化し、新規顧客を獲得しにくくなっている今日、多くの企業はビジネスのあり方を見直しつつある。従来のビジネスでは、とにかく売上や利益を生み出すことに力点が置かれていた。成長市場においては潜在顧客が多数存在しているので、次々と新規顧客を獲得でき、顧客の要求水準もそれほど高くはなく、既存顧客の離脱にそれほど敏感である必要もなかった。また、目の前に有利な話があれば、短期の利潤を追求し、取引先をいつでも切り替えたりもした。そこでのマーケティングは、いわばハンティングであり「取引マーケティング」と呼ぶことができる。

これに対して今日のマーケティングは、もっと長期的な視点に立ち、顧客にとっての価値を創造し、顧客満足を生み出すことに力点を置いている（図表4－10）。もし営業が顧客価値の伝達や創造に貢献しようとするならば、個人単位の活動ではなく部門横断的なチーム力が求められ、相互依存と共創が基盤とされる。営業部門と生産部門や企画部門は、一体となって長期的顧客価値の創造や伝達に向けて努力する。こうしたマーケティングは「リレーションシップ・マーケティング」と呼ばれ、ハンティングというよりもガーデニングに例えること

図表 4-10　取引マーケティングとリレーションシップ・マーケティングの対比

	取引マーケティング	リレーションシップ・マーケティング
ビジネスの基本軸	品質と価格	信頼と価値
目的	短期の利益追求	長期の関係構築
営業パーソンの志向	顧客の獲得	顧客の維持
シェアの見方	市場シェア	顧客シェア
顧客の見方	ビジネス対象としての顧客	資産としての顧客
メタファー	ハンティング	ガーデニング

とができる。リレーションシップ・マーケティングでは、顧客、供給業者、流通業者といった重要なステークホルダーとの間で、長期にわたる良好な関係構築が目標とされる。

リレーションシップ・マーケティングが展開される企業における営業パーソンは、もっぱら品質と価格に頼るのではなく、信頼と価値をキーワードとして顧客と対話をしなければならない。そして、顧客をビジネスの対象というよりも資産として捉えるべきである。顧客が資産であるならば、大切に維持し、育て上げなければならない。優良資産ともいえる顧客へは、約束どおりの製品を提供し、友好関係を築いていく。その一方で、不良資産ともいうべき顧客が存在している可能性もある。とすれば、利益に結びつかず大きなコストを要するだけの顧客については、思い切って切り捨てるといった意思決定が求められるかもしれない。

前に取り上げたベスト・バイでは、約二割の優良顧客に対しては手厚い対応をするが、得られる以上の対応コストを要する約二割の「悪魔」に対しては、彼らを落胆させるような対応をしている。販促対象リストから外し、魅力となっていた各種販売促進活動を縮小し、一五％の返品手数料も導入した。

マーケティングの軸足がリレーションシップへとシフトすることにより、マーケティングにおける四つのＰのあり方も変化する。例えば、カスタマイズされた製品が主流となり、供給業者や流通業者との協力のもとで新製品が開発される。プロモーションでは双方向の対話が重視され、ブレがなく一貫したコミュニケーション内容がより求められる。さらに、ＳＮＳの普及により、クチコミや顧客間でのコミュニケーションへの働きかけが鍵を握るようになっている。

一方で、製品のカスタマイズに伴って、価格においては交渉の余地が拡大すると予想され、また、顧客との直接的な結びつきが増え、流通の段階数は減少傾向にあると思われる。

第5章

顧客価値の説得

1 価格はどのように決まるのか

私たち消費者は一九八〇円や九八〇円といった価格をよく目にすることがある。こうした価格設定が市場に多いのは、決して偶然ではない。売り手である企業が、ある意図のもとに価格を設定しているからである。

マーケティングにおいて、価格の問題は非常に重要な課題の一つであり、利益を生み出す唯一のマーケティング変数だと主張する人もいる。あまりにも安い価格を設定すれば、売上げが伸びたとしても利益は低下してしまう。しかも、低価格であることを追求してブランド・スイッチを繰り返す望ましくない顧客層を引きつけ、自社ブランドに対するイメージも損ねてしまうだろう。もちろん価格が高すぎれば、顧客は離れていき売上げも利益も伸びない。顧客価値という視点からすると、価格は提供物のベネフィットに見合うだけのコストであるかどうかを示しているわけであり、顧客に対しての価値を説得しているといえる。

価格はマーケティングにおける四つのPの一つであるが、極めて柔軟な変数であることが知られている。新製品の開発やブランドの構築、流通チャネルの変更には少なくとも数カ月を要するが、価格は短期間で変更できるからだ。しかも、価格を一％引き上げれば営業利益

図表5-1　価格の影響力

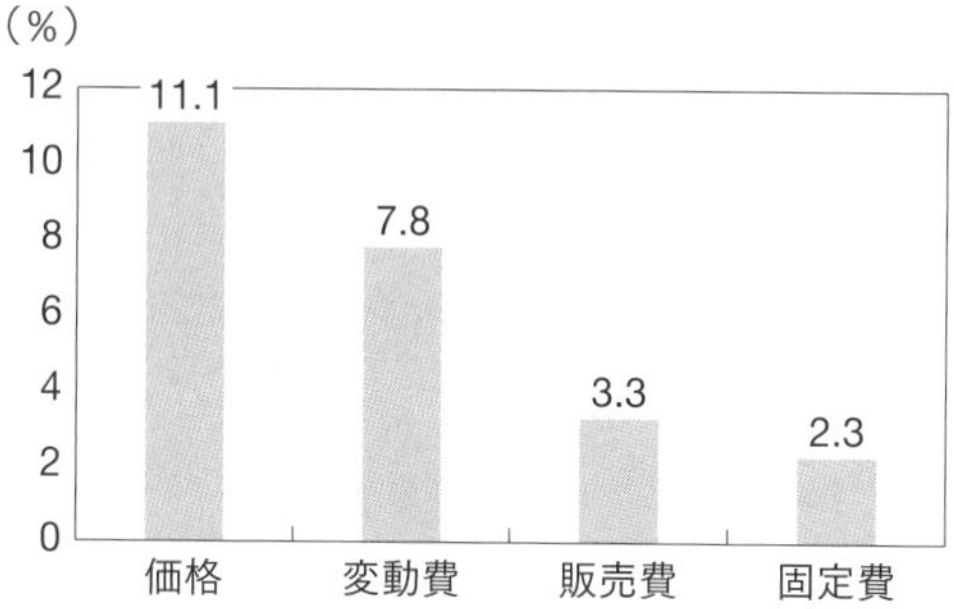

数値は、それぞれを1%改善することによって引き起こされる営業利益の増加である。

出典：Walter L. Baker, Michael V. Marn, and Craig C. Zawada (2010), *The Price Advantage*, 2nd ed., John Wiley & Sons, p. 5.

が一一%以上も増加すると指摘されているように、短期的な利益に与える影響も絶大である（図表5－1）。

買い手である顧客の立場からすると、しばしば「安いか高いか」といった点しか考えないかもしれないが、企業の立場に立って検討してみると、価格の中に様々な努力や工夫が織り込まれていることに驚くはずである。

価格設定の考え方

製品の価格は、企業にとって利益が生じ、しかも需要が発生する範囲内で設定されなければならない。とすれば、価格の下限はコストであり、上限は当該製品に対する顧客の知覚ベネフィットということになる。この範囲内であることを念頭に置き、メーカーであれば競合ブランドの価格、また、小売業であれば競合店の価格などを考慮して、価格は決定されていく。

企業による価格設定の基本方針には、コスト、需要、競争という三つの視点がある。まず、これらについて整理しておこう。

①コストに基づいた価格設定

コスト・プラス法と呼ばれる価格設定は、ある一定の利益率をコストに上乗せして価格を設定するというもので、最も分かりやすい価格設定の方針である。次の例を考えてみよう。あるパソコン一台の生産に必要な変動費が二万円で、固定費は六億円とする。変動費とは生産量に応じて発生する費用のことで、原材料費や電熱料などである。固定費とは操業しても操業しなくても発生する費用のことで、設備の減価償却費、保険料、社員の給与、地代などである。

このとき一〇万台の販売が見込めれば、一台あたりの原価は、

変動費＋（固定費÷見込み販売数量）＝２６０００円

となる。そして二〇％の利益率（マージン、流通業界ではマークアップと呼ばれる）を達成したいと考えたならば、設定すべき価格は、

図表 5-2　損益分岐点と価格設定

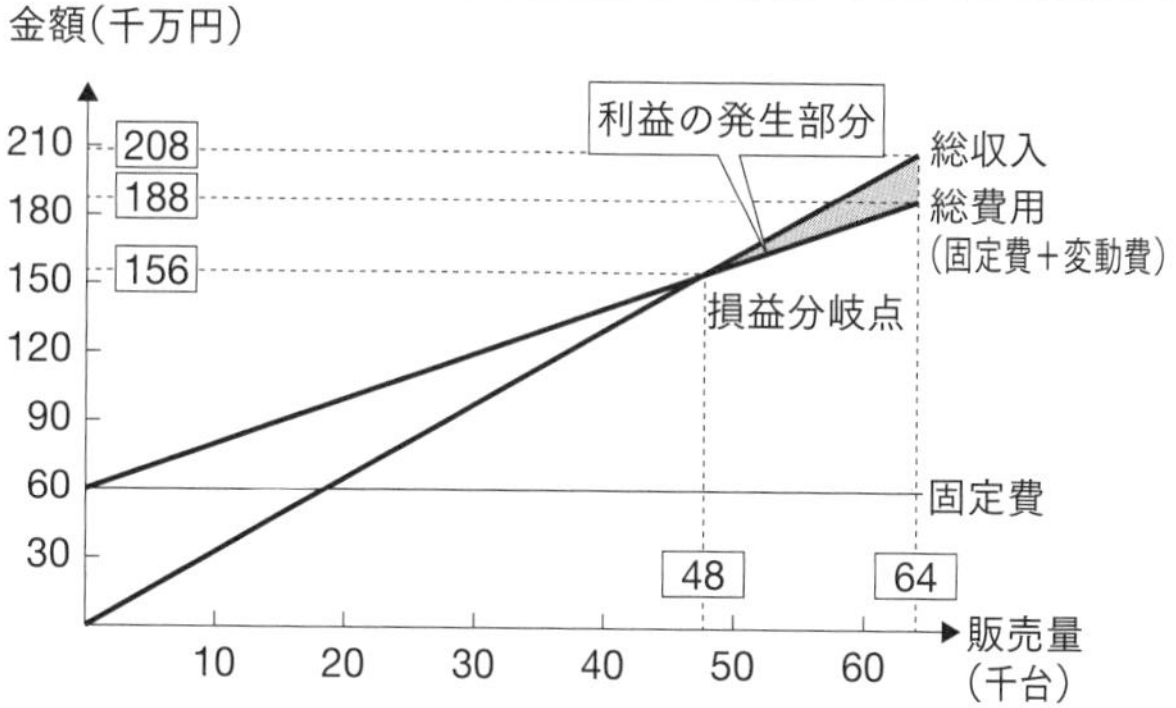

一台あたりの原価 ÷（1 － 利益率）
＝ 32500円

となる。

この方針には、需要の把握よりもコストの把握の方がはるかに容易であり、簡単に価格設定ができることや、売り手にも買い手にも公正であるとみなされやすいなどの長所がある。ところが、販売数量はあくまで見込みであり、この販売数量を実現できないこともある。こうした場合、一台のパソコンが負担すべきコストは増加し、目標利益を達成できないという限界があることを忘れてはならない。

価格の設定は、損益分岐点を用いて検討することもできる。損益分岐点とは、販売数量の増加とともに、赤字の状態から利益が生まれる黒字の状態へと変わる、まさに分岐点である。この分岐点よりも少ない販売量だと赤字が、逆に、この分岐点より多い販売量だと黒字が発生する。

図表5－2には、ある架空のパソコン・メーカーの総費用と総収入が示されている。固定費は販売数量に関係なく六億円である。この固定費に、一台あたり二万円の変動費を加えるかたちで総費用が描かれている。当然、販売数量の増加とともに総費用は増えていく。一方、総収入はゼロからスタートし、販売数量の増加とともに増えていく。このとき価格を32500円とすると、損益分岐点は次式のようになる。

固定費 ÷（価格 － 変動費）＝ 48000台

さて、このメーカーがパソコンの生産のために総額一〇億円の投資をしており、二〇％の投資利益率を達成したいという目標を掲げたとしよう。利益額でいえば二億円である。図表を用いると、この二億円を生み出すためには、六万四〇〇〇台販売しなければならないことが分かる。

価格を高く設定すれば、少ない販売数量で黒字に転じるので、損益分岐点は引き下げられる。ところが需要量は低下する。そこで、二〇七頁で説明する需要の価格弾力性や競争状況を考慮しながら、最終的に価格が決定されることになる。販売数量はここでも見込みであり、その数量を達成できなければ当然、目標となっている利益も実現しない。投資に対する適正利益が求められている電力や水道などの公益事業では、この損益分岐点を用いた価格設定がよく行われている。

なお、図表5－2では議論を単純化するために、総費用も総収入も直線で描かれている。ところが現実の総費用は下に凸の曲線で、総収入は上に凸の曲線となりやすい。それは、ある一定量を超えて販売数量を引き上げるためには、無理な操業が余儀なくされ、そのために変動費は割高となるからである。総収入においても、一定量を超えて販売するためには各種の値引きを余儀なくされ、総収入は頭打ちとなるからである。

②需要に基づいた価格設定

売り手側のコストではなく、需要面つまり買い手側の知覚ベネフィットに基づいて価格を設定しようとする方針もある。

コストに基づくか需要（知覚ベネフィット）に基づくか、という二つの方針の流れの違いを比較してみよう。(i)はコストに基づいた価格設定方針を説明しているのに対して、(ii)は需要に基づいた価格設定方針を説明している。二つの流れをみて、発想が全く逆であることに気づくだろう。

(i) 製品 → コスト → 価格 → 価値 → 顧客
(ii) 顧客 → 価値 → 価格 → コスト → 製品

コストに基づいた価格設定方針をとる企業は、「自社製品は、設定された価格で購入するに値する」ことを顧客に説得しなければならない。もちろん高すぎれば、独りよがりの価格設定となってしまう。ところが需要に基づいた価格設定方針においては、顧客が問題となっている製品にどれだけのベネフィットを知覚しているのかを出発点としている。そのため、受け入れられるであろう価格が先に決定され、その後にコスト計算や利益計算がついてくる。

日常生活で必要とされる製品に対する人々の価格意識は厳しい。消臭力やムシューダなどの消臭芳香剤や防虫剤を販売するエステーでは、新製品の開発にあたり、人々が支払ってもいいと感じる価格を出発点としている。パイオニアのカーナビゲーション「楽ナビ」の開発でも、ターゲットとして設定した「小学生以下の子供がいる家庭」が受け入れられる一五万八〇〇〇円という価格を実現するために、モニターの大きさや機能を決めていった。

ジュラン研究所によって、価格に関する興味深い調査結果が明らかにされている。各製品の顧客満足度を調べてみると、満足度の最も低い項目または二番目に低い項目として価格を挙げている者は七割にも及ぶ。顧客は常に安さを求めていることになる。しかし、ブランドをスイッチした顧客で、価格をその理由に挙げる者は一〇%にも満たない。価格の安さは求めるが、適切なベネフィットさえ伴えば顧客は逃げない。需要に基づいた価格設定では、顧客に対する価値とそれを生み出すベネフィットの説得が成否の鍵になる。

③競争に基づいた価格設定

コストや需要ではなく、競合製品の価格に価格設定方針を置いている企業もある。この実勢価格を重視する方針では、市場での力関係やブランド・イメージなどが加味されるので、競合製品よりも高価格に設定することもあれば、低価格に設定することもある。もちろん、同一に設定することもある。新たな価格を提示する企業はプライス・リーダー、その価格に追随する企業はプライス・フォロワーと呼ばれる。通常は、業界におけるリーダー企業の価格に他の企業が追随するというパターンが多い。ビールや清涼飲料などで各社の製品価格が近似しているのは、競合製品を意識して価格設定がなされているからだと考えてよいだろう。

競争相手が提示しそうな価格を踏まえて自社製品の価格を設定するという意味で、入札価格も競争に基づいた価格設定方針と考えることができる。入札価格とは、販売者もしくは請負者を決定するために、競合関係にある複数の企業が文書によって提示する価格のことである。そして、最も安い価格を提示した企業が当事者としての資格を有する。消費財の分野ではほとんど馴染みがないが、生産財の分野においては珍しくない。

入札価格を高く設定し落札できれば利益は大きいが、落札の確率は低くなる。逆に、入札価格を安くすれば落札の確率は高まるが、利益は低くなる。そこで、よく用いられるのが期待利益の考え方である。例えば、入札価格が一〇〇万円のときに落札できる確率を六〇％とすれば、期待利益は六〇万円となる。ところが入札価格を九〇万円に下げれば、落札の確率は七〇％にアップする。この場合の期待利益は六三万円である。さらに八〇万円にまで下げても確率が七五％であるならば、期待利益は六〇万円にとどまる。このような計算を実施することで、最も期待利益の大きな価格が浮かび上がってくる。

新製品の価格

新製品を市場導入するとき、企業がとるべき価格戦略は大きく分けて二つある。高価格を設定し、早い段階で利益を得ようとする戦略と、低価格を設定し、大きな市場シェア獲得の後に利益を呼び込もうとする戦略である。

上澄み吸収価格戦略とは、新製品に高い価格を設定し、価格にそれほど敏感ではない顧客層へ販売しようとする戦略である。高価格であることによりベネフィットも大きいことを示唆し、顧客にとっての価値を認識させる。この戦略を採用すると、短期間で大きな利益を上げ、当該新製品の開発コストを迅速に賄うことができる。市場における一番旨みのある部分をすくい取るという意味から、上澄み吸収と呼ばれる。

上澄み吸収価格戦略は、主として技術主導の企業によって実施されている。例えば、半導体を生産しているインテルでは、高品質のペンティアム・チップを当初およそ一〇〇〇ドルで販売した。これらは、三〇〇〇ドルを超える高級パソコンの部品として、パソコン・メーカーに購入された。その後、インテルは毎年このチップを三〇%ほど値下げし、新たな需要層の開拓をはかり利益の最大化に成功した。同じような価格戦略は、先端的な医療機器などにおいても確認できる。この戦略が有効となるためには、競合他社が模倣品を導入しにくく、製品品質やイメージ面において優れているなどの条件が必要である。

これに対して市場浸透価格戦略とは、価格にかなり敏感な顧客層が多く、需要の価格弾力性が大きいと判断されるとき、導入時から市場を大きく捉え、低価格で販売しようとする価格戦略である。価格の安さによって、顧客に価値をダイレクトに認識させる。早い段階で十分な利益を獲得することはできないが、大きな市場シェアを確保しやすい。そして、市場シェアが高まれば、規模の経済性や経験効果を利用してコスト面での優位性を築き、やがては大きな利益が生まれるようになる。市場への迅速な浸透を狙うという意味から、市場浸透と呼ばれる。

市場浸透価格戦略は、模倣されやすい新製品で採用されることが多い。とにかく自社ブランドを一度購入してもらい、別のブランドに顧客が流れるのを防ぐためである。多くの顧客は最初に触れたブランドに愛着を覚え、別のブランドへのスイッチに心理的な抵抗を感じやすい。これは、住み慣れた街を離れ、別の街に引っ越そうとするときの抵抗感にも似ている。

行動経済学では、保有効果と称して、一度入手したものの価値を入手する前と比べて、いくぶん高く評価する傾向にあることを説明している。製品の利用においてもこれに似た効果があるため、安い価格を設定し、とにかく購入してもらうことが有効なのである。

なお、新製品の導入にあたり一時的に価格を下げる戦略もある。これは導入価格戦略と呼ばれるが、一定期間を過ぎると本来の価格水準に引き上げるため、市場浸透価格とは識別して理解しておく必要がある。

製品ミックスを考慮した価格設定

ある企業が単一の製品だけを販売していることはまずない。むしろ、複数の製品を販売している方が一般的である。そこで、個々の製品に対してバラバラに価格を設定するのではなく、扱っている製品全体として利益が最大となるように価格を設定しなければならない。このような価格設定は、製品ミックスを考慮した価格設定という。

まず、プライス・ライニングと呼ばれる価格設定がある。ウイスキー、ネクタイ、スーツなどの製品カテゴリーでは、低価格の普及品から高級品までのバリエーションが用意されている。ところが、これらの製品の価格をみてみると、一〇〇〇円、三〇〇〇円、五〇〇〇円のように、いくつかの価格帯にまとまっている。顧客はこうした製品に対して、高い安いを判断する何段階かの参照価格をマインド内に有しているので、その参照価格に合わせて価格を設定するプライス・ライニングが有効となる。

価格帯が形成されていれば、顧客は自分の望む価格帯から製品を選択すればよく、購買時における混乱を避けることができる。一方、企業としては、安い価格帯製品の追加によって上位製品の高級感を強調したり、逆に高い価格帯製品の追加によって下位製品の安さを訴えたりできる。各価格帯は品質やグレードを代表するので、顧客が混乱しないだけの間隔が保たれていなければならない。寿司屋などで以前から用いられている松、竹、梅の価格設定も、プライス・ライニングの考え方に基づいている。

次は、抱き合わせと呼ばれる価格設定である。ワープロソフトがインストールされたパソコン、アトラクション料金が含まれたテーマパーク入場券、そして朝食つきの宿泊パック。これらは、複数の製品やサービスが組み合わされて販売されている例である。このような場合、それぞれの製品やサービスを個別に購入するよりも、かなり引き下げられた価格が設定されている。抱き合わせ価格設定が行われると、合計金額は大きくなるので、顧客が安いと実感できるだけの値引きが伴っていなければ効力を発揮しない。

最後は、キャプティブ価格設定である。ラスベガスのホテルの宿泊料金は、部屋の広さや豪華さに比べてかなり安く設定されている。ホテル代での利益を少なくしても、カジノにおいて利益を得ればよいと考えているからである。同じような戦略は浄水器やプリンターなどの製品においても行われている。浄水器やプリンターの本体価格を相対的に安く設定し、利益率の高いカートリッジの販売によって利益を得ているからである。キャプティブには「捕虜」や「とりこ」といった意味がある。メインとなる製品の価格を安く設定し、それを購入させることで一種の「捕虜」を確保する。その上で、付随して消費される製品やサービスで十分な利益を確保しようとする価格設定方針である。

心理面を考慮した価格設定

企業は顧客の心理面を考慮して価格設定を行うことがある。例えば、コスト・プラス法などの基本方針で、六〇〇〇円前後の価格を設定すべきだと導かれたとしよう。そのときマーケターは、若干低めの五九八〇円にすべきか、そのまま区切りの良い六〇〇〇円とすべきかといった判断に迫られるかもしれない。端数価格、威光価格、慣習価格と呼ばれる三つの価格設定は、顧客心理に応じたものである。つまり、価格に対する顧客心理を考慮しながら価値の説得が試みられているのだ。

六九〇〇円のハンバーガーセット、五八〇〇円のセーター、七九八〇円のデジタルカメラなど、私たちは様々な製品で、九や八を伴った価格を目にすることができる。八〇〇〇円であっても七九八〇円であっても、実際の価格差は二〇円でしかない。八〇〇〇円からすれば一%にも満たない。ところが顧客に与える心理的な印象は、八〇〇〇円台であるか七〇〇〇円台であるかという違いにより大きく異なってくる。

顧客は九や八を伴った価格に対して、最大限に引き下げられているのだと感じる傾向にある。このように設定された価格をマーケティングでは端数価格と呼び、食品、日用雑貨、衣料品など幅広い製品カテゴリーで用いられている。

顧客は品質を判断する基準の一つとして価格を用いることがある。そこで、品質の高さやステータスを顧客へ訴えるために、意図的に高く設定した価格が威光価格である。例えば、価格の高い宝石は品質も高く、価格の安い宝石は品質も劣ると判断される傾向にある。従って、ある一定水準よりも価格を引き下げてしまうと、需要量はかえって低下してしまう。

威光価格は、カルティエやロレックスのように、高級宝飾品や高級時計を販売する企業によってしばしば採用されている。購入頻度が低く、顧客が品質を判断しにくい製品カテゴリーでは、この価格設定が向いているからである。

ペットボトル入り清涼飲料（一九九二年まで長い間、缶入り清涼飲料は一〇〇円であった）やお菓子などのように、いくつかの製品カテゴリーにおいては、社会慣習上ある一定の価格に定まってしまうことがある。こうして形成された価格は、慣習価格と呼ばれる。ひとたび慣習価格が形成されると非常に固定的となり、その慣習価格よりも低い価格を設定しても需要はあまり伸びず、逆に、その慣習価格よりも高い価格を設定すると需要は著しく低下してしまう。

慣習価格が定まっている製品の原材料が高騰し、生産コストが上昇した場合、企業は品質を落としたり数量を減らしたりして、価格を一定に保とうとする傾向にある。亀田製菓の「ハッピーターン」は三〇枚入りから二七枚入りに、森永乳業の「クラフトスライスチーズ」は八枚入りから七枚入りにすることで、それぞれ価格を維持しようとした。

割引による価格設定

航空チケットには、様々な価格が用意されている。例えば、羽田空港から大阪伊丹空港までの往復チケットを購入したいとする。チケットの価格は、搭乗日から逆算してチケット予約日までの期間に応じて変化する。七五日や五五日など節目はあるが、搭乗日よりも前であるほど安く、その後、何段階かで引き上げられる。ＡＮＡでは、スーパーバリュー、バリュー、ビジネスきっぷ、フレックスなどと条件を分けて異なる価格を設定している。

また、同じ座席クラスのチケットを、同じ日に購入したとしても、便の予約変更が可能なチケットであるか否かによって、購入価格は大きく異なる。マイルを利用しての購入などもあり、航空チケットの価格体系は極めて複雑だといえる。「スペシャルセール」と呼ばれる一時な割引や期間限定の「タイムセール」もある。ある対象路線のチケットを一定期間に購入すれば、あるいは、限られた時間内に購入すれば、特別な割引価格で購入できる。

マーケティングでは、価格を様々な条件のもとで割り引き、顧客にとっての価値を説得し、需要を拡大したり利益を高めたりしようと試みている。

①現金割引

企業間における売買では、一定期間後に代金を支払うという「掛け」がよく用いられている。そこで、支払いを先に伸ばさず、ある一定期間内に代金を支払う買い手に対して、売り手は価格を割り引くことがある。売り手側としては、早い段階で現金を入手できるので資金繰りが良くなり、金利面や集金コスト面からしても有利である。このような売り手のメリットが買い手に還元され、現金割引として価格が引き下げられるのである。

また今日ではクレジットカードを用いた消費が多くなっている。クレジットカードによる売上げの場合、販売者は売上額の数%をカード会社に支払うことになっているので、一部の販売者は現金で支払う顧客に対して一定の割引を認めている。

②数量割引

「一つでは一〇〇〇円、五つ買えば四五〇〇円、一〇買えば八〇〇〇円」などの価格設定がある。多くの製品を購入した買い手には、一つあたりの価格が安くなっている。大量販売すると、売り手には在庫費用、販売費用、輸送費用などの面で有利となる。そこで、これらのメリットが数量割引として買い手に還元され、価格が引き下げられるのである。

数量割引には二つの種類がある。非累積的数量割引と累積的数量割引である。前者では一回ごとの購入数量が一定以上に達した場合に割引が実施される。これに対して後者では、定められた期間内の総購入数量が一定以上に達した場合に割引が実施される。数量割引は、割引という特典を得ようとする買い手に購入を促すことにもなるので、価格設定ではなく販売促進の領域でも論じられる。

なお、一定数量を超えた買い手に対して、価格ではなく数量で還元する方法もある。これは数量割引ではなく、増量販売として区別されている。

③機能割引

メーカーの多くは、卸売業者だけでなく小売業者にも製品を販売している。このような場合、販売する相手によって異なる価格を設定することがある。卸売業者と小売業者とでは、保管や輸送など遂行するマーケティング機能の内容において違いがある。そこで、より多くの機能を遂行する相手には、それだけ有利な価格を設定しようとするのが機能割引である。

例えば、二〇〇〇円の製品を消費者に販売しているメーカーがあったとしよう。このメーカーは、小売業者に対して三〇％の割引を実施し、卸売業者に対して、さらに一〇％を割り引いた価格を設定する。この場合、小売業者に対する価格は１４００（２０００×０・７）円で、卸売業者に対する価格は１２６０（１４００×０・９）円となる。

④アローワンスとリベート

メーカーが流通業者に対して実施する割引価格である。当然のことながらメーカーは、流通業者が自社製品を有利に扱ってくれることを望む。そこで、自社の意図に沿って行動してくれる流通業者には、アローワンスと呼ばれる一種の割引で還元することがある。具体的には、広告アローワンスや陳列アローワンスなどである。前者は、メーカーの意思に沿った広告を流通業者が実施した場合、後者は、メーカーの意思に沿った特別陳列を流通業者が実施した場合にそれぞれ支払われる。

なお、アローワンスと類似したものにリベートがある。アローワンスが特定の製品やキャンペーンに結びついた割引戦略であるのに対して、リベートは流通業者との長期的な協力関係を維持するために用いられる。つまりリベートは、取引関係にある流通業者の利益をメーカーが金銭的に補填するという戦略であり、価格戦略というよりも流通戦略としての性格が強い。

⑤特売価格と季節割引

表示されている通常価格を一時的に引き下げ、需要の拡大を狙う特売価格も忘れてはならない。いわゆる「セール」のことで、多くの小売業者によって実施されている。特売により価格を上下させることをハイ・ロー・プライシング（H－LP）と呼ぶが、これには値崩れを引き起こし、通常価格で売れにくくするなどのマイナス面がある。そこで、恒常的に価格を引き下げておくエブリデイ・ロー・プライシング（EDLP）を導入する企業もある。EDLPには、マーケティング・コストを引き下げたり、ブランド・ロイヤルティの低下を防いだりするなどの効果がある。

小売業者は客寄せを目的として、卵や牛乳などの必需品、あるいは醬油やお酢などの保存がきく製品において、極端に安い特売価格を設定することがある。単品での利益を度外視しても、多くの消費者を吸引できれば店舗全体としては利益を上げられる。このような特売製品はロス・リーダーと呼ばれている。

また、需要の停滞する季節に行われるのが、季節割引である。ホテルや旅行会社は、季節によって料金を大きく変化させている。需要の多い季節には高価格を設定して利益の確保をはかり、逆に、需要の少ない季節には季節割引を行って需要を喚起するのである。季節割引と同じような考えに基づいて、特定の時間だけ割引を実施するタイムセールもある。

需要の価格弾力性

①価格弾力性

ある製品の価格が引き下げられると、一般にその製品に対する需要量は高まる。セールなどで価格が引き下げられると、売れ行きが大幅にアップすることを思い起こしてほしい。価格を上下させたとき、その製品の需要量がどれだけ増減するかを判断するために、需要の価格弾力性という概念が用いられる。

AとBという二つの製品があったとしよう。図表５－３は、二つの製品の価格がP_1からP_2に引き下げられたとき、需要量がどれだけ変化するのかを示している。製品Aにおいては、価格が引き下げられても需要量はあまり増加していない。一方、製品Bにおいては、Q_3からQ_4へと需要量は著しく増加している。

需要の価格弾力性は、

図表 5-3　需要の価格弾力性

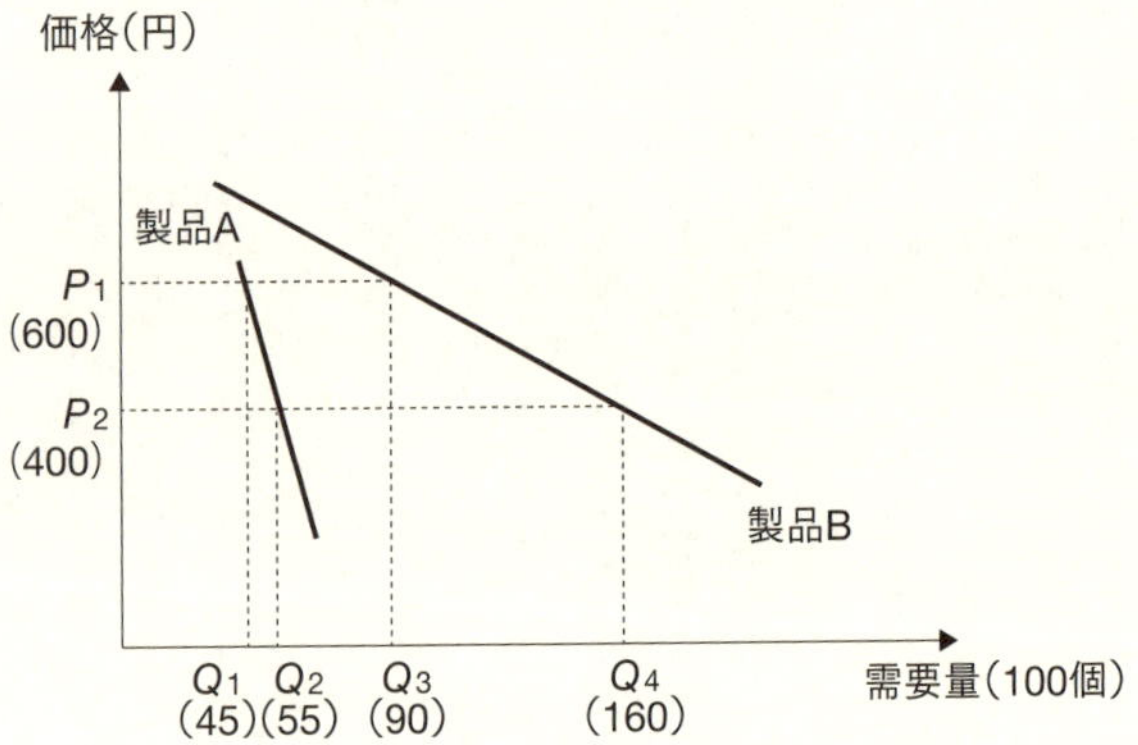

2つの需要曲線を描いた図である。今、P_1を600円、P_2を400円、Q_1を4500個、Q_2を5500個、Q_3を9000個、Q_4を16000個としよう。

このとき、価格がP_1からP_2へ引き下げられたとする。製品Aの弾力性は、

$$\left(\frac{Q_2-Q_1}{Q_1}\right) \div \left(\frac{P_2-P_1}{P_1}\right)$$

という式で求めることができるので、

$$\{(5500-4500)\div 4500\}\div\{(400-600)\div 600\} = -\frac{2}{3} \fallingdotseq -0.67$$

となる。また製品Bの弾力性は、

$$\{(16000-9000)\div 9000\}\div\{(400-600)\div 600\} = -\frac{7}{3} \fallingdotseq -2.33$$

となる。

需要量の変化率（％）÷価格の変化率（％）

によって求めることができる。通常、価格の下落に対して需要量は高まるので、弾力性の値はマイナスになる。弾力性の値の絶対値が一より大きい場合には弾力的であり、絶対値が一より小さい場合には非弾力的であるという。製品Ａのように、弾力性が一より小さい場合には、価格を引き上げても需要量はあまり変わらないので、価格の引き上げによって売上げを高められる可能性がある。

過去の分析によると、価格弾力性は平均すると二前後であることが分かっている。つまり、価格を一％引き上げると、販売量は二％程度落ち込むことになる。セッラマンとテリスの研究によって、平均的な広告弾力性が〇・二前後（つまり、広告予算を一％増加させると、販売量は〇・二％増加する）であると指摘されているため、数値だけに注目すると、短期的な販売量に対して、価格は広告よりも一〇倍の影響力を有していることになる。

もちろん、製品やサービスによって価格弾力性も広告弾力性も異なり、単純に影響力を比較することはできないし、また、価格にしても広告にしても、ブランド資産への影響など長期的な効果も評価されるべきである。図表５－４は、食品と飲料における価格弾力性を示したものである。

図表 5-4　食品と飲料における価格弾力性

カテゴリー	平均的な価格弾力性（絶対値）
ジュース	0.76
牛肉	0.75
フルーツ	0.70
牛乳	0.59
魚	0.50
チーズ	0.44
玉子	0.27

出典：Tatiana Andreyeva, Michael W. Long, and Kelly D. Brownell (2010),"The Impact of Food Prices on Consumption: A Systematic Review of Research on the Price Elasticity of Demand for Food," *American Journal of Public Health*, 100 (2), pp.216-222.

②交差弾力性

他の製品の価格変化によって、需要量に違いが生じるような製品もある。次のような事例を考えてみよう。パンの価格が安くなると、主食をお米からパンへ切り替える人が増加しそうである。同様に、ガソリン価格が高騰すれば、電気自動車の販売量が増加、もしくは燃費の良い小型車へと需要はシフトするだろう。また、エアコンの価格が低下すれば、電気ストーブや扇風機の販売量は低下するかもしれない。

ある製品Aの価格変化に対して、製品Bの需要量がどれだけ変化するのかを把握するための概念が、需要の交差弾力性である。需要の交差弾力性は、

製品Bの需要量の変化率(%)
÷製品Aの価格の変化率(%)

によって求めることができる。このとき、交差弾力性がゼロより小さくなればなるほど、製品Aと製品Bとは補完製品の関係にある。逆に、ゼロより大きくなればなるほど、製品Aと製品Bとは競争製品の関係にある。また、プラスでもマイナスでもゼロに近づけば近づくほど、独立製品の関係にある。

2　顧客に向けてコミュニケーションを統合する

一部の製品では、多額のコミュニケーション費がつぎ込まれている。自動車、ビール、衣料用洗剤、携帯電話、生命保険などはその典型だ。例えば、大手自動車メーカーであるトヨタは広告宣伝費として年間四〇〇〇億円以上を支出しており、衣料用洗剤などを扱う花王も約一〇〇〇億円を支出している。

企業がいかに素晴らしい製品を提供していても、顧客にその製品の存在を知ってもらわなければ販売へと結びつかない。また、それぞれの製品が有するユニークな特徴や意味を顧客に正しく理解してもらわなければ、市場競争を有利に展開することもできない。マーケティングでは、価値の創造や価値の伝達とともに、コミュニケーションによる価値の説得が大きな鍵となっている。

価値を説得する場合、広告や販売促進が真っ先に思い浮かぶが、販売員の服装やオフィスの雰囲気、価格なども受け手に何らかの印象をもたらす。とすれば、広告や販売促進などと限定するのではなく、コミュニケーションという広い視点で論じておく必要がある。マーケティングにとって、コミュニケーション戦略が重要とされる理由はここにある。

とりわけ今日では、様々なコミュニケーションを個別に管理するのではなく、全社的に統合することが求められている。企業は顧客に向けて統一的な情報を発信し、ブランドに対する顧客の認知度や理解度を効率良く高めていかなければならない。

コミュニケーションの捉え方

コミュニケーションを成立させるためには、情報をやりとりする送り手と受け手が存在していなければならない。ところが、コミュニケーションを正確かつ効率的に実施することは、決して容易ではない。次の点を考えてみよう。同じ音や色であっても、受け手が異なれば違った意味を有するだろう。さらに同じ言葉であっても、人が違えば微妙に異なるニュアンスで受けとめられたりする。異国間であれば、もっと深刻な問題が生じやすい。シボレーの自動車「ノヴァ」は、ブランド名が否定的な意味を持つ（スペイン語で「進まない」を意味する）ために失敗してしまった。

図表5-5　基本的なコミュニケーション・モデル

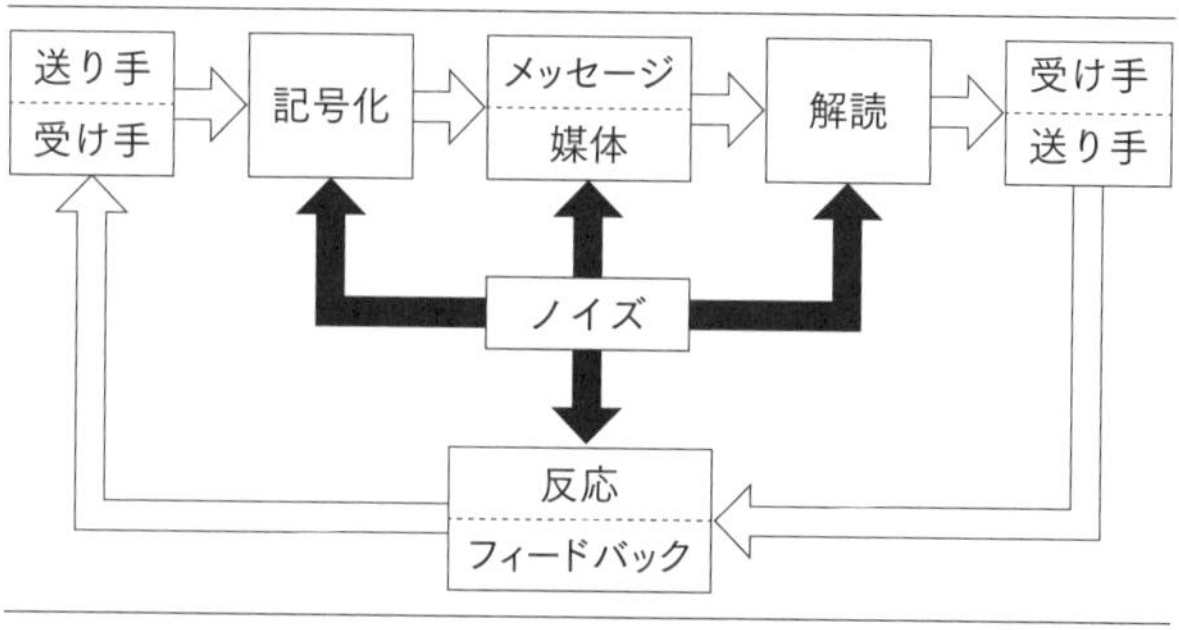

マーケティングにおいて適切なコミュニケーション戦略を実施するためには、様々な障壁を克服しなければならない。とりわけ、企業活動がグローバル化し、ツイッターやLINEなどのSNSが浸透してきているだけに、マーケティング・コミュニケーションの課題や問題はますます複雑かつ高度になっている。

マーケティング・コミュニケーションの理解を深めるために、そのプロセスをモデル化して捉えてみよう（図表5－5）。コミュニケーション・モデルでは、少なくとも九つの要素を検討しなければならない。

まず、「送り手」と「受け手」というコミュニケーションの当事者が両極に位置している。製品や企業活動に関するメッセージを消費者に送るという設定で考えれば、送り手は企業であり、受け手は消費者となる。

次に、コミュニケーション手段としての「メッセージ」と「媒体」がある。メッセージとは、企業が発信する情報や意味の集合体である。具体的には、広告内容などを考えればよい。媒体とはメッセージを送り手から受け手に伝えるためのチャネルのことであり、テレビ、雑誌、パッケージなどである。

さらに、「記号化」「解読」「ノイズ」といった要素が加わっている。記号化とは、送りたいメッセージを記号へ置き換える作業である。用いられる記号は、もちろん言語や映像だけではない。駐車や喫煙を禁止するときに丸に斜線のシンボルがよく用いられるが、これと同じように、企業は言語や映像に加えて、様々なシンボル、図柄、音を用いることで効果的なコミュニケーションを展開している。

送られてきたメッセージに対して、受け手が何らかの意味を与える作業が解読である。この作業は、受け手のバックグラウンドによって大きく左右される。例えば、同一メッセージであっても、男性にとっては好ましいが、女性にとっては不快だということがある。もちろん、その逆も考えられる。

ノイズとは、コミュニケーションのプロセスを妨げるあらゆる要素である。ノイズの存在によって、受け手は送り手が送ったメッセージとは異なるメッセージを受け取ることになる。ノイズのために、受け手までメッセージが全く到達しないこともある。テレビやラジオの受信を悪化させる別の電波はいうまでもなく、テレビ広告時における家族との会話、販売員によって提供される誤った製品情報、競合製品の広告などもノイズとして考えなければならない。

最後に「反応」とは、メッセージによって引き起こされる受け手の変化であり、態度変容、製品の購買、非購買、クチコミなどが考えられる。反応の一部は、「フィードバック」という形で送り手にまで到達する。この場合、コミュニケーションにおける送り手と受け手の位置関係は逆になる。

コミュニケーション効果を左右する要因

コミュニケーション効果は様々な要因の影響を受ける。

まず、「コミュニケーション・ソースの独占性」が挙げられる。人は、誰もが接することのできる情報ソースよりも、閉鎖的な情報ソースの影響を受けやすいといわれている。そのため、マスコミよりもクチコミの方が、人の態度や行動を左右しやすいわけである。スニーカーやバッグなどの購入において、テレビや雑誌の広告よりも友人のクチコミでブランドを決定したことのある読者は少なくないはずである。

次に「受信者の価値観」が挙げられる。人は自分が既に有している意見や考えと一致している情報を受け入れやすい。人々は接する情報全てに対して、等しく注目したり関心を向けるわけではない。選択的知覚によって、限られた情報に対して注目したり関心を向けたりする。受信者が有している価値観を理解しておかなければ、効果的なコミュニケーションの展開は難しい。

「コミュニケーション・ソースの性質」も忘れてはならない。コミュニケーション・ソースにステータスがあり、専門性が高く、好感が持てるような場合、そこから発信される情報は受け入れられやすい。雑誌という同じ媒体であっても、全国的に知られている出版社の情報と、はじめて名前を聞く出版社の情報とでは受け取られ方は異なるだろう。

最後は、「準拠集団」である。家族、サークル、大学など、人々は様々な集団に所属している。準拠集団とは、人々の態度や行動に何らかの影響を与える集団のことである。とすれば、準拠集団は受け入れるコミュニケーション内容にも影響を有しているはずである。いくつかの準拠集団は、構成メンバーに対して、類似した態度や行動に結びつくようなプレッシャーを与えることがある。その結果、同一準拠集団に所属するメンバーは、同じ製品や同じブランドを選ぶ傾向にある。ハーレーダビッドソンのオーナーたちの多くが革ジャンを着ているのは、彼らがハーレー・オーナーズ・グループ（HOG）という準拠集団に属しているからだと考えてよいだろう。

コミュニケーションの反応プロセス

コミュニケーション戦略では、受け手である顧客に企業はどのような影響を与えたいと考えるのだろうか。すぐに思い浮かぶのが、ブランド名を知ってもらうことである。自社ブランドを知ってもらわなければ、市場競争という土俵にすら上れない。だが、単にブランド名を覚えてもらえばよいというわけではない。ブランドについての様々な特徴を理解してもらうことも必要だ。最終的には、購買を発生させたいとマネジャーは考えているはずである。

そこで、コミュニケーションによる反応プロセスを理解しておく必要がある。図表5－6は、主な反応プロセスを整理したものである。

ＡＩＤＡモデルでは、顧客の反応が「注目（Attention）」「関心（Interest）」「欲求（Desire）」「行為（Action）」の順で生じることを説明している。四つの反応の頭文字にちなんで命名されており、セールスパーソンによる販売プロセスを念頭に置いて開発されたモデルである。まず顧客の注目を引き出し、製品に対する関心を高め、使ったり所有したりしてみたいという欲求を発生させ、最終的に成約へと結びつける流れを説明している。単純なネーミングと分かりやすさのために、最もよく引用されているモデルである。

イノベーションの採用モデルは、新製品などのイノベーションが、顧客に受け入れられるまでの段階を辿ったものである。従って、このプロセスの最終的な段階は、購買ではなく採

図表5-6　反応プロセスのモデル

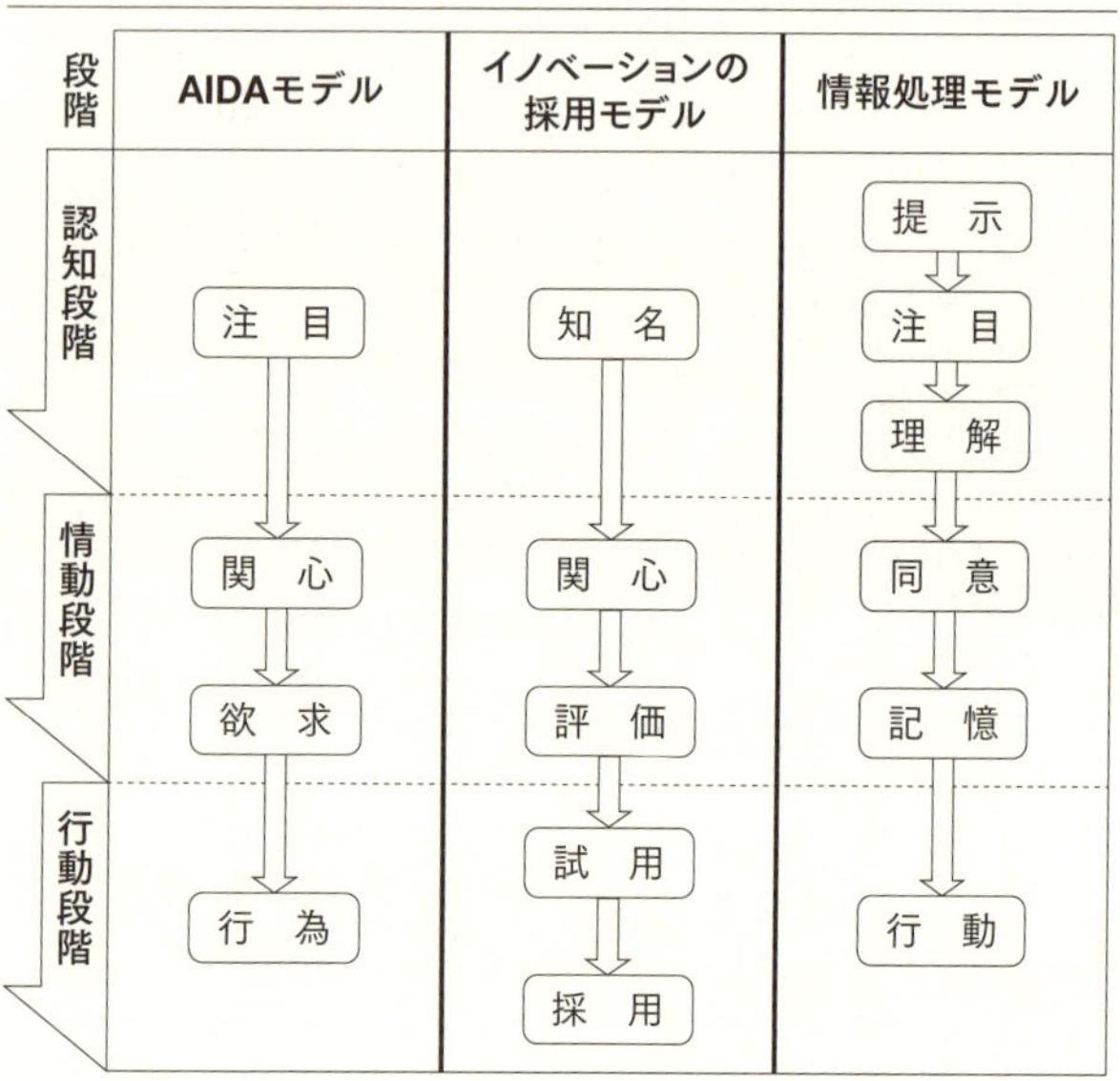

用となっている。ここでいう「試用」とは試しに用いることであり、試供品や実演販売によって引き起こされる。

最後は、受け手が情報処理者もしくは問題解決者であることを前提とした情報処理モデルである。このモデルの大きな特徴は「記憶」段階が明示されている点である。広告コミュニケーションの多くは、即時的な行動を引き起こすというよりも、購買発生時点において利用される情報を前もって提供する。つまり、一定期間、情報は顧客によって記憶される必要がある。そのため、記憶を明示して

図表 5-7　関与水準による情報処理の違い

高関与	認知　→　情動　→　行動
低関与	認知　→　行動　→（情動）

いる情報処理モデルは、広告効果を検討する上で、より現実的なものとなっている。

あらゆる製品において、図表５－６のようなモデルがあてはまるわけではない。一二四頁でとりあげた関与水準という切り口でみたならば、いずれのモデルも高関与を前提としている。従って、食品や日用雑貨のように関与水準の低い製品においては、図表５－６のような段階を辿ることはなく、認知段階から行動段階へと直接進んでしまう。情動段階が行動段階の後に発生する場合もあれば、時には発生しない場合もある（図表５－７）。

近年では、カスタマー・ジャーニーという言葉で反応プロセスの検討が試みられている。デジタル化に伴って変化する購買行動に対して、マーケティングではどのような対応が必要だろうか。自らの購買行動を振り返ってみても、ネットを利用した情報取得や製品購入などが日常的になっている。購入ブランドの絞り方にしても、直線的で漏斗のように候補を削減しているわけではない。購入段階の後半になってから購入の候補となるブランドが増えたりもする。

コトラー、カルタジャヤ、セティアワンは『マーケティング４・０』のなかで、新しいカスタマー・ジャーニーとして5Aモデルを提唱している。認知（Aware）、訴求（Appeal）、調査（Ask）、行動（Act）、推奨（Advocate）の頭文字にちなんだモデルである。推奨はネット時代における特徴的なカスタマー・ジャーニーのステップの一つであるが、テスラの自動車のように、必ずしも自分で購入している製品に対して行われるとは限らない。今日的なカスタマー・ジャーニーの理解なくして、有効なマーケティング・コミュニケーションの実施は期待できない。

コミュニケーション手段

①多様なコミュニケーション手段

企業は様々な手段を用いてコミュニケーション戦略を実施する。例えば、広告、セールス・プロモーション（SP）、人的販売、パブリシティ、製品、パッケージ、ラベル、CI（コーポレート・アイデンティティ）などが浮かび上がってくる。

もちろんこれだけではない。企業による様々な後援活動は、顧客に好ましいメッセージを伝えることができる。例えば、東京ディズニーリゾートは、様々な会社の後援によって成り立っている。カリブの海賊はキリン、ピーターパン空の旅はNTTコミュニケーションズ、スプラッシュ・マウンテンは花王が、それぞれオフィシャルスポンサーとなっている。オリンピックなどのスポーツ・イベントや万博などの文化イベントも、多くのスポンサー企業によって後援されている。

自社製品に対して好ましい意識を抱かせるようにデザインされた店舗環境もコミュニケーション要素である。ザ・ボディショップの店舗は、どこでも同じ雰囲気を保っている。エルメスやルイ・ヴィトンなどの高級ブランドの店舗も、什器の色彩や照明などにより独自の雰囲気を醸し出している。私たちが日々利用しているセブン‐イレブンやローソンなどのコンビニエンスストアでも、それぞれの店舗設計で個性を打ち出そうとしている。

極端な表現をすれば、企業活動の全てがコミュニケーションともいえる。なお、広告、SP、人的販売、パブリシティという四要素は、マーケティングにおける４Pの一つ「プロモーション」として整理することもできる。

②人的コミュニケーションと非人的コミュニケーション

企業によるコミュニケーション戦略は、人を通じて行う場合と人以外の媒体を通じて行う場合とに分けることができる。

人的コミュニケーションとは、いわゆる人を通じて行うコミュニケーションである。人的コミュニケーションの代表は人的販売である。企業はこの人的販売によって、自社製品や自社についての情報をもとに顧客価値の説得を試み、製品の販売を促進することができる。特に販売を達成する段階において、人的販売は相対的に有効であるといわれている。顧客との親密なリレーションシップを築く上でも人的販売は重要である。

人的販売の担い手であるセールスパーソンは、新規顧客の開拓を主に行うオーダー・ゲッター、既存の取引関係の維持と強化を主に行うオーダー・テイカー、受注活動よりも顧客支援や販売支援を主として行うミッショナリー・セールスパーソンの三つに区別できる。

また、標的となる顧客とその周辺人物との間のクチコミも人的コミュニケーションの一つとして忘れてはならない。新製品や高額製品の場合、とりわけクチコミ効果は大きいといわれている。自動車やパソコンの購入を思い起こしてみよう。多くの人は、当該製品に関して豊富な知識を持った友人に意見を求めるはずである。

非人的コミュニケーションとは、人的な接触を伴わないコミュニケーションである。この非人的コミュニケーションは、大別すると「マス媒体」「非マス媒体」「雰囲気」「イベント」の四つを通じて行われる。

マス媒体とは、新聞、雑誌といった印刷媒体、テレビやラジオといった電波媒体、そして広告板やポスターなどである。これらは、いずれも広告媒体でもある。

非マス媒体とは、特定の顧客に宛てた手紙や資料などである。マス媒体と比べて効率面では劣るが、自分に向けられたメッセージであるため、顧客は非マス媒体で受け取った情報に対して注意や関心を抱きやすい。

雰囲気とは、店舗、事務所、什器、装飾など、販売やサービスが達成される環境のことである。弁護士事務所、会計事務所、エステサロンなどのサービス業では、この雰囲気を通じて顧客に自社のサービス内容を伝えている。多くの弁護士事務所や会計事務所では、専門書の陳列や、重厚感のある机や棚の配置によって、信頼感や専門性を高めようと努力している。

イベントとは、標的オーディエンスにメッセージを伝達するための催事である。広報担当者は、記者会見、ショー、展示会、見学会などにより、自社の新製品を理解してもらったり、会社そのものに対する好意的な態度を抱いてもらったりするように働きかける。このうち、報道機関に対する働きかけのことをパブリシティ活動と呼んでいる。パブリシティ活動を適切に実施すると、新製品情報や自社情報がテレビで放映されたり新聞や雑誌に記事として掲載されたりする。

一見すると広告とよく類似しているが、パブリシティは、(i)掲載の意思決定が媒体側にあり、(ii)原則として無料であり、(iii)客観性が高く、受け手が信頼しやすい、など独自の特徴を有している。多くの企業では、パブリシティの放映時間や記事の文字数などから、広告に換算するとどれくらいの金額になるかを算出し、自社のパブリシティ活動を評価している。

③コミュニケーションの二段階の流れ

ここで、「コミュニケーションの二段階の流れ」について説明しておこう。多くの人々は、企業からの詳細な情報を直接受けることはなく、オピニオン・リーダーと呼ばれる情報に敏感な人々を通じて受けている。企業からの詳細な情報は一段階目としてオピニオン・リーダに流れ、二段階目としてオピニオン・リーダーから一般の人々に流れるのである。

例えば、絵画やゴルフクラブの購買について考えてみよう。こうした製品の購買にあたり、私たちはインターネットやパンフレットなどで製品情報を集めるだろうが、当該製品に詳しい人物の話を聞いたり、助言を求めたりするのではないだろうか。とりわけインターネットの普及により、人々は企業からの情報ではなく他者の情報に頼るようになっている。対面であるにしてもインターネットを通じてであるにしても、クチコミと呼ばれるオピニオン・リーダーを介した間接的なコミュニケーションの流れを理解していたならば、全ての人々ではなく、オピニオン・リーダーとなりやすい限られた人々へのアプローチが鍵であることに気づくはずである。

コミュニケーションを統合させる

マーケティング・コミュニケーションにおいては、媒体間のシナジーを発揮させなければならないと繰り返し強調されてきた。広告やSPなどの要素を単独で展開するのではなく、相互に有機的に連動させながら展開せよというのだ。もし媒体ごとに異なるメッセージを伝えていたならば、顧客は企業イメージやブランド・イメージに混乱を抱いてしまう。そこで、テレビ広告と店頭におけるPOP広告を連動させたり、テレビ広告と折り込みチラシを連動させたり、といったことが頻繁に行われている。これはコミュニケーション・ミックスという言葉で表現されている。

①コミュニケーション・ミックスの決定要因

広告、SP、人的販売、パブリシティ、CI、パッケージなどのコミュニケーション要素は、どのようにミックスされるのだろうか。各要素のウェイトは、業種によって大きく異なることはいうまでもなく、同一の業種内でも企業によって異なっている。そこで、コミュニケーション・ミックスを左右する要因について検討してみよう。

第一に製品のタイプがある。製品は、我々消費者が購入し消費する消費財と部品や燃料など企業が購入する生産財とに分けることができる。図表5－8は、広告、SP、人的販売、パブリシティという四つの主要コミュニケーション要素のウェイトが、製品のタイプによって、どのように異なるのかを概念的に示している。

図表 5-8　コミュニケーション要素の相対的なウェイト

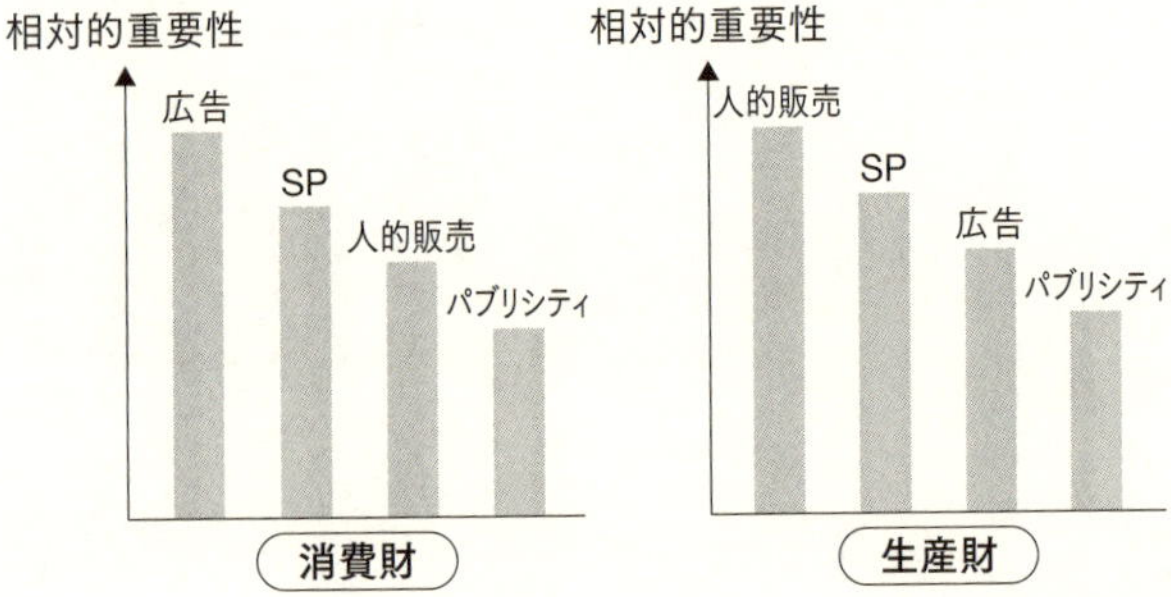

消費財を扱う企業では、一般に広告を最も重視する傾向にある。そして以下、SP、人的販売、パブリシティと続く。ところが生産財を扱う企業では、人的販売を最も重視する傾向にあり、SPや広告がその後に続く。多くの生産財企業による広告費は、売上高のわずか数%にとどまっている。

採用する戦略が「プッシュ戦略」なのか「プル戦略」なのかによっても、コミュニケーション・ミックスは左右される。プッシュ戦略とは、メーカーが自社製品を卸売業者に積極的に売り込むことからスタートする。続いて、卸売業者はその製品を小売業者へ、さらに小売業者は消費者へと販売する。プッシュ戦略のもとでは、メーカーが流通業者を説得しなければならず、人的販売というコミュニケーション要素が最も重視される。そして、次にSPが重要となる。逆に、プル戦略においては、まず消費者の需要を喚起させ、そこからの吸引力によって、自社製品への引き合いを高めようとする。従って、まず広告によって消費者への説得により需要を発生させなければならない。

　もっとも現実には、どちらかの戦略だけを採用することはまずない。多くの企業は二つの戦略を同時に採用し、どちらかの戦略によりウェイトを置くのである。

②統合型マーケティング・コミュニケーション

　マーケティング・コミュニケーションでは、ミックス（混合）ではなく、さらに一歩進めたインテグレーション（統合）への動きが求められるようになっている。統合型マーケティング・コミュニケーション（IMC）と呼ばれるこの動きは、企業のあらゆるコミュニケーション対応を管理し調整する責任者が、これまで企業内に存在していなかったことへの反省から生じた。

　例えば、広告によるメッセージは広告部門、人的販売によるメッセージは営業部門、パッケージによるメッセージは製品企画部門、パブリシティによるメッセージは広報部門といった具合に、それぞれ異なる部門で予算が編成され、目標が設定され、メッセージが作成されてきた。こうして作成されたメッセージは、ミックスという考え方のもとに調整された。この作業手順は「張り絵」を連想させる。様々な色の紙を上手に並べることにより、美しい絵や模様を表現しようとするからである。

ところがＩＭＣの作業手順は、むしろ「新色」の創出に近い。新色を作り出す狙いは、個々の色の特徴を活かすというよりも、全く新しい色を生み出すことにある。コミュニケーションにおいても同様で、ＩＭＣでは複数要素の統合により、全く新しいコミュニケーションの展開を狙いとしている。ＩＭＣのもとでは、複数の媒体間における調整はもちろん、認知、情動、行動といったコミュニケーション効果の複数段階における連鎖も念頭に置いている。つまり、従来のコミュニケーション・ミックスでは媒体間という横の調整にとどまっていたが、ＩＭＣでは横の調整をはかるとともに、コミュニケーション効果という縦の連鎖にまで踏み込んで考察するのである。

ＩＭＣが重視されるようになってきた理由は何だろうか。少なくとも次の四つの点が考えられる。

第一は、広告以外のコミュニケーション要素が相対的に重視されるようになった点である。ＳＮＳによるクチコミやイベントの重要性が高まってきた結果、広告だけに注意を払えばよいという時代ではなくなってきた。広告を中心に他の要素をミックスして展開していたコミュニケーションから、それぞれの要素を同一レベルで捉え、統合する必要性が求められるようになったのである。

第二は、コミュニケーション効果の精緻な分析が可能になった点である。様々なビッグデータが入手できるようになり、単品別の販売情報がリアルタイムで収集でき、一人ひとりの購買情報も正確に把握できるようになった。もちろんこれらの情報は、広告やクチコミなどのコミュニケーション要素と絡めて分析できる。それぞれのコミュニケーション要素の効果や複数要素間の相乗効果が解明されてゆくにつれて、改めてマーケティング・コミュニケーションの統合の重要性が浮かび上がってきた。

第三は、個を対象としたマーケティングの進化である。多くの企業が、ＩＣＴ技術やＡＩ技術を駆使することにより、人々の購買や行動に関する詳細な情報を効率よく分析できるようになった。これにより、マスを対象としたマーケティングではなく、個を対象としたマーケティングが急速に現実のものとなってきた。マスを対象としていれば、ターゲットの最大公約数に注目し、コミュニケーション要素をミックスするという考え方にも意味がある。しかし、個を対象とするならば、従来以上にコミュニケーション要素間の調整やコミュニケーション効果の連鎖が求められるようになる。また、そうしなければ、個を対象とした効果的なマーケティングの実現は不可能である。

第四は、ブランドへの注目の高まりである。有効なブランド・マネジメントを展開するためには、広告や販売促進に注目するだけでは不十分である。店舗、パッケージ、さらには販売員のマナーなど、あらゆる顧客との接点に注目する必要がある。近年、こうした接点は、ブランド・コンタクトポイントと呼ばれている。このコンタクトポイントの考え方は、まさにIMCの考え方とフィットしている。一貫したブランド・メッセージを顧客に訴えるためには、統合されたマーケティング・コミュニケーションが不可欠なのだ。

コミュニケーションの統合は、もちろん顧客価値の説得効果を高めるものでなければならない。広告にしても人的販売や販売促進にしても、提供物の価値を顧客に認識させ説得することが第一の役割であるからだ。いくら優れた製品が開発されたとしても、その製品が顧客にとって価値があると認められなければ売上げには結びつかないのである。

人々の五感へ働きかける

近年のマーケティングでは、センサリー・マーケティングという新しい視点が注目を集めている。人々の五感に働きかけて、自社にとって好ましい結果を導こうというマーケティングである。センサリーとは五感のことであり、視覚、触覚、聴覚、嗅覚、味覚をさす。ボストン大学のアダム・ブラセルが「マーケティング研究者たちは、無意識的な刺激に対する反応の力に気づき始めている」と述べているように、マーケティングにおける音や香りなどの潜在性に関心が向けられているのだ。

センサリー・マーケティング研究の第一人者であるアラドナ・クリシュナは、消費者の感覚に強く影響を与え、彼らの知覚、判断、行動に影響を与えるのがセンサリー・マーケティングである、と述べている。五感に焦点を当てているので、本書ではコミュニケーションの領域で取り上げた。

①無意識のうちに影響する

感覚が人々に及ぼす影響について、身の回りのいくつかの事象と絡めて説明してみよう。温かい飲み物を持っている時、人々は見知らぬ人に親しみの感情を抱きやすくなる。その延長として、気温や室温が暖かいと、人々は集団に同調しやすいという。また、シナモンの香りがする加温パットに対して、人々はより効果を感じる傾向にある。交渉の際、柔らかい椅子に座っている人は、固い椅子に座っている人よりも、相手の提案に応じやすいともいわれている。

これらは、感覚が人々の判断に及ぼす影響として知られている事例である。他にも、新車の独特の香りや自動車のドアを閉めた時の音など、私たちを取り巻く製品やサービスには、人々の感覚に訴えるべく様々な工夫が施されている。ほとんど意識することなく、私たちは何らかの感覚刺激の影響を受けているのである。しかも広告とは異なり、そうした感覚刺激の多くはマーケティング・メッセージだとは思わないため、人々は抵抗なくそれらを受け入れている。

音楽や香りが消費者行動に影響を及ぼすことは、以前から知られている。そうした問題に焦点を当てた研究も数多く試みられてきた。ラスベガスのカジノで実施された実験によると、好ましさが同じ水準の香りであっても、スロットマシンの利用金額に影響を及ぼす香りと影響を及ぼさない香りがある。他にも、店舗内におけるBGMの種類によって、滞店時間が左右されたり、購入されるワインの価格帯が左右されたりすることが明らかになっている。同じ店舗であっても、クラシック音楽を流すと高級ワインが売れ、ポップスを流すと安価なワインが売れるというのだ。

音楽や香りなどのように、個々の感覚刺激に注目するのではなく、センサリー・マーケティングでは、五感にかかわるすべての感覚刺激を取り上げ、ブランド・パーソナリティを構築したり、人々の知覚、判断、行動に及ぼす影響が考察される。センサリー・マーケティングでは、消費者の思考をコンピュータに例えて説明しようとする「情報処理パラダイム」では説明できない現象を捉えようと試みている。

②五感に働きかけるセンサリー・マーケティング

センサリー・マーケティングを理解する上で役に立つ興味深い逸話がある。アメリカにおける紙媒体の話である。インターネット環境が整備され、オンライン上で多くのテキストを無料もしくは安価に入手できるようになったとき、ほとんどの学生は紙の本を読まなくなるだろうと思われていた。ところが、そうはならず、依然として多くの学生は紙媒体の文献を購入している。書籍が有するある種の感覚に、人々は数ドルを余分に支払ってもよいと認めているのだ。私たちの価値観や行動は感覚に影響を受けているのだが、自身の問題として考えやすいため、センサリー・マーケティングによる主張には納得感がある。

センサリーの各変数についてみておこう。「視覚」では製品の色、店舗内での照明、各種媒体における画像などが検討される。いずれも人々の知覚に影響を及ぼすことが知られており、視覚はマーケティングを展開するうえで極めて重要な変数となっている。「聴覚」では音に注目する。既に述べたＢＧＭはもちろん、営業パーソンや案内係の声、ブランド・ネームなどが検討される。「嗅覚」では香りが取り上げられる。香りは私たちの感情や記憶と強く結びついた変数である。花火のにおいで戦争を思い出すという人の話を聞いたことがある。石鹼の香りによって、母親を思い出すという人の話もある。

「味覚」は味という変数である。センサリー・マーケティングでは、味は視覚との関連で考察される。多くの場合、味は製品そのものの色や製品パッケージ上の表現と結びつけられるからである。最後は「触覚」である。人々が製品などの物体に触れたとき、何らかの影響を受けることは少なくない。エンボス（型押しによる凹凸）加工やシボ（表面のしわ感）加工が、一部の缶製品などで施されている。自社製品を差別化するためであるが、お茶の缶におけるシボ加工は、消費者に和のテイストを伝えている。

センサリー・マーケティングの整理や体系化は進んでいるが、一方において、まだ多くの課題と可能性を残している。個々の感覚刺激の効果はかなり解明されているが、感覚刺激の相互作用については必ずしも明らかにされていない。特に、感覚刺激の数が多ければ、それだけ強い影響力を有するかというと、必ずしもそうではない。刺激が多すぎると、かえって影響力を失ってしまうこともある。

主な参考文献

マーク・ジョンソン（池村千秋訳）『ホワイトスペース戦略』阪急コミュニケーションズ、二〇一一年
アラドナ・クリシュナ（平木いくみ、石井裕明、外川拓訳）『感覚マーケティング』有斐閣、二〇一六年
ケビン・レーン・ケラー（恩蔵直人監訳）『戦略的ブランド・マネジメント 第3版』東急エージェンシー、二〇一〇年
フィリップ・コトラー、ヘルマワン・カルタジャヤ、イワン・セティアワン（恩蔵直人監訳、藤井清美訳）『コトラーのマーケティング3・0』朝日新聞出版、二〇一〇年
フィリップ・コトラー、ヘルマワン・カルタジャヤ、イワン・セティアワン（恩蔵直人監訳、藤井清美訳）『コトラーのマーケティング4・0』朝日新聞出版、二〇一七年
フィリップ・コトラー、ケビン・レーン・ケラー（恩蔵直人監修、月谷真紀訳）『コトラー&ケラーのマーケティング・マネジメント 第12版』丸善出版、二〇一四年
フィリップ・コトラー、ゲイリー・アームストロング、恩蔵直人『コトラー、アームストロング、恩藏のマーケティング原理』丸善出版、二〇一四年
恩蔵直人『コモディティ化市場のマーケティング論理』有斐閣、二〇〇七年
恩蔵直人『マーケティングに強くなる』ちくま新書、二〇一七年
和田充夫、恩蔵直人、三浦俊彦『マーケティング戦略（第5版）』有斐閣、二〇一六年

ま行

や行

ら行

わ行

た行

な行

は行

さ行

索　引

著者略歴

恩蔵 直人（おんぞう・なおと）

早稲田大学商学学術院教授。
早稲田大学商学部卒業後、同大学大学院商学研究科へ進学。
早稲田大学商学部専任講師、同助教授を経て、1996年より教授。
専攻はマーケティング戦略。
主な著作として、『マーケティングに強くなる』（ちくま新書）、
『医療マーケティングの革新』（共編著、有斐閣）、
『脱皮成長する経営』（共著、千倉書房）などがある。

日経文庫 1404

マーケティング

2004年11月15日　1版1刷
2019年 2月15日　2版1刷
2019年 9月13日　　　2刷

著者　恩蔵直人
発行者　金子 豊
発行所　日本経済新聞出版社
https://www.nikkeibook.com/
〒100-8066　東京都千代田区大手町1-3-7
電話：03-3270-0251（代）

装幀　next door design
組版　マーリンクレイン
印刷・広研印刷　　製本・大進堂

 ISBN978-4-532-11404-6
Printed in Japan